AF369432

ÉQUITATION

PARIS — IMPRIMERIE L. BAUDOIN ET Ce, 2, RUE CHRISTINE.

ÉQUITATION

PAR

le Commandant BONNAL

PARIS
LIBRAIRIE MILITAIRE DE L. BAUDOIN ET Ce
IMPRIMEURS-ÉDITEURS
30, Rue et Passage Dauphine, 30

1890

A LA MÉMOIRE

DE

C. RAABE

AVANT-PROPOS

Au commencement de l'année dernière, notre vénéré maître et ami, le capitaine Raabe, « sentant sa fin prochaine » (1), nous demanda d'écrire la synthèse de nos connaissances équestres, acquises au cours de quinze années d'une collaboration presque incessante.

Il s'agissait, non de reproduire d'une façon stricte l'enseignement du maître, mais bien de présenter, sous la forme qui nous conviendrait le mieux, ses idées maîtresses, complétées par nos propres travaux.

Cette étude fut autographiée à un certain nombre d'exemplaires, vers la fin de mars 1889, et nous eûmes le bonheur de recevoir de notre vieil ami une lettre, la dernière qu'il ait écrite,

(1) Le capitaine Raabe est mort à Paris, le 29 mai 1889, dans sa 79e année.

dans laquelle le fond et la forme de notre « Équitation » sont formellement approuvés.

Nous n'avons rien changé au texte primitif, sauf quelques phrases peu importantes ; mais, grâce à l'obligeance de M. Marey, membre de l'Institut, nous avons pu y ajouter un appendice (n° II) contenant des photographies instantanées hippiques faites l'année dernière, à la station physiologique d'Auteuil, au moyen de la nouvelle méthode chrono-photographique.

Nous avons cherché à faire saisir, à l'aide de nos légendes explicatives, le mécanisme des allures, en attirant l'attention du lecteur sur chacune des attitudes du cheval, que reproduit la photographie.

Ces attitudes sont venues se fixer sur un papier sensible, animé lui-même d'une vitesse propre, et elles se sont succédé à raison de 25 images par seconde, c'est-à-dire avec une rapidité que notre imagination peut à peine concevoir.

Paris, le 25 mars 1890.

APERÇU DU DRESSAGE

On admet généralement que la première et la plus essentielle qualité du cheval de selle bien dressé consiste en une légèreté parfaite. Si tout le monde est d'accord sur le fond, les divergences se montrent sur la forme.

Qu'entend-on, en effet, par légèreté?

Pour nous, le cheval léger est celui qui obéit volontiers aux diverses actions de la main et des jambes, sans jamais opposer la moindre résistance aux demandes que lui fait le cavalier.

C'est pour cela qu'on dit communément : tel cheval est léger à la main et aux jambes, ou seulement : tel cheval est léger à la main, mais lourd aux jambes. Par contre, il y a peu d'exemples d'un cheval léger aux jambes qui ne soit en même temps léger à la main.

Mais il y a légèreté et légèreté.

Un cheval campé, ayant la tête haute, le dos ensellé, qui encense constamment, paraît léger à la main, parce que toute action des rênes, si faible qu'elle soit, lui est sensible. Essayez donc de faire reculer ce cheval: demandez-lui un travail de deux pistes, la croupe en dehors, par exemple, et vous verrez s'il est léger.

Le cheval vraiment léger à la main est celui qui prend un faible appui sur le mors, de façon à rester sans cesse en communication avec la main du cavalier: on dit alors qu'il « goûte son mors ».

Il y a plus, le cheval léger à la main mâche son mors, c'est-à-dire fait jouer sa mâchoire quand son cavalier le recherche pour un travail de précision.

Pourquoi la mobilité des mâchoires est-elle considérée comme l'indice visible et certain de la légèreté de l'avant-main?

Pour élucider cette question, il faut faire un retour sur le cheval à l'état de nature et le bien observer en liberté.

Le cheval, animal herbivore, passe la majeure partie de ses journées à paître dans les prairies. Quand il broute l'herbe, son nez touche le sol, son encolure est allongée.

Rarement, le cheval redresse sa tête, si ce n'est pour fuir rapidement un danger. La position normale de la tête du cheval est dans l'affaissement total, avec décontraction complète des extenseurs de l'encolure.

Dès que nous voulons employer le cheval aux divers services de selle ou de trait, nous exigeons de lui un port de tête élevé qui comporte une contraction permanente des extenseurs de l'encolure. Est-ce logique?

Ne vaut-il pas mieux, dans le dressage du cheval, laisser à l'encolure, sinon un affaissement complet, au moins une position, voisine de l'horizontale, qui soulage les efforts musculaires des extenseurs et place l'animal dans des conditions voisines de celles que la nature lui a données?

Mais l'allongement de l'encolure, dans le sens horizontal, peut avoir des inconvénients, chez certains chevaux médiocrement solides sur leurs membres antérieurs, et l'on conçoit que le cavalier veuille augmenter sa sécurité en relevant la tête de son cheval.

La mise en main offre la facilité de maintenir la tête du cheval à une hauteur moyenne, tout en lui faisant rouer son encolure. La longueur du bras du levier compris entre le garrot et le sommet de la tête est alors diminuée, et ce raccourcissement de la branche amène une décharge proportionnelle de l'avant-main.

Si nous parvenons à placer ainsi la tête et l'encolure du cheval, nous mettons en jeu, non seulement les extenseurs, mais encore les fléchisseurs de cette région surnommée, à juste titre, le « gouvernail hippique ».

Si, par un moyen quelconque, on parvient à décontracter les extenseurs de l'encolure, on voit aussitôt la tête du cheval descendre jusqu'à toucher terre.

Supposons que ce résultat ait été atteint.

Au moment où le cheval a le nez près du sol, si nous lui relevons doucement la tête en la ramenant jusqu'à la position voulue, et si nous obtenons qu'ainsi placé le cheval conserve aux muscles de son encolure toute leur souplesse, nous aurons obtenu la mise en main parfaite.

Comment saurons-nous que cette souplesse persiste. dans la position demandée?

Lorsque le cheval mâche son mors en mobilisant sa mâchoire, on peut être certain que les muscles masticateurs sont décontracturés.

Ce n'est pas tout; le cheval qui mobilise les muscles de la bouche est aussi incapable de raidir les muscles de l'encolure que nous de contracturer le biceps pendant que nous faisons remuer les doigts de la main.

La mise en main est donc un indice de souplesse, pour la tête et l'encolure, simultanément.

Nous avons employé précédemment l'expression de contracture et non celle de contraction. C'est qu'il faut faire entre ces deux termes une différence essentielle.

On dit qu'une région est contracturée lorsque les muscles de cette région, fléchisseurs, extenseurs, adducteurs, abducteurs, etc..... sont tous contractés et se font équilibre, sans amener un déplacement quelconque. On a ainsi la rigidité, avec dépense considérable de fluide nerveux, d'où résulte travail inutilisé, fatigue et usure.

Aux allures rapides, le cheval contracture les muscles du dos et de l'encolure, car leur rigidité favorise les mouvements intensifs des membres, en faisant du corps du cheval une sorte de bâti de machine offrant aux organes du mouvement un appui invariable.

Les muscles servant à faire mouvoir dans un sens déterminé le segment osseux auquel ils s'insèrent, se contractent, sous l'influence du fluide nerveux lancé à la façon d'un courant électrique par la volonté, pendant que les muscles antagonistes se contractent, de leur côté, juste assez pour remplir l'office de freins gradués et donner au mouvement du moelleux et de la précision.

Aux allures lentes ou normales, le cheval exécute de simples contractions sans se contracturer.

C'est justement l'objet du dressage, d'amener le cheval monté à travailler sans contracture, c'est-à-dire avec légèreté, comme s'il était en liberté.

Gêné par le poids et par les déplacements d'assiette du cavalier, le cheval monté n'arrive, tout d'abord, à se mouvoir, qu'en se contracturant plus ou moins.

La progression du dressage découle de l'ensemble des considérations qui précèdent :

1° Contraindre le cheval nu à rester léger à la main, léger à la cravache, de pied ferme et en mouvement ;

2° Monter le cheval ainsi assoupli et lui demander une légèreté absolue à la main et aux jambes, d'abord à un pas très lent, puis au petit trot, enfin au galop.

Le cheval ainsi travaillé acquerra progressivement de l'aisance dans les mouvements, en dépit de sa charge et de la gêne qui en résulte pour lui. Il s'adaptera aux conditions d'un nouvel équilibre, et cela, sans souffrances exagérées comme sans risques de tares.

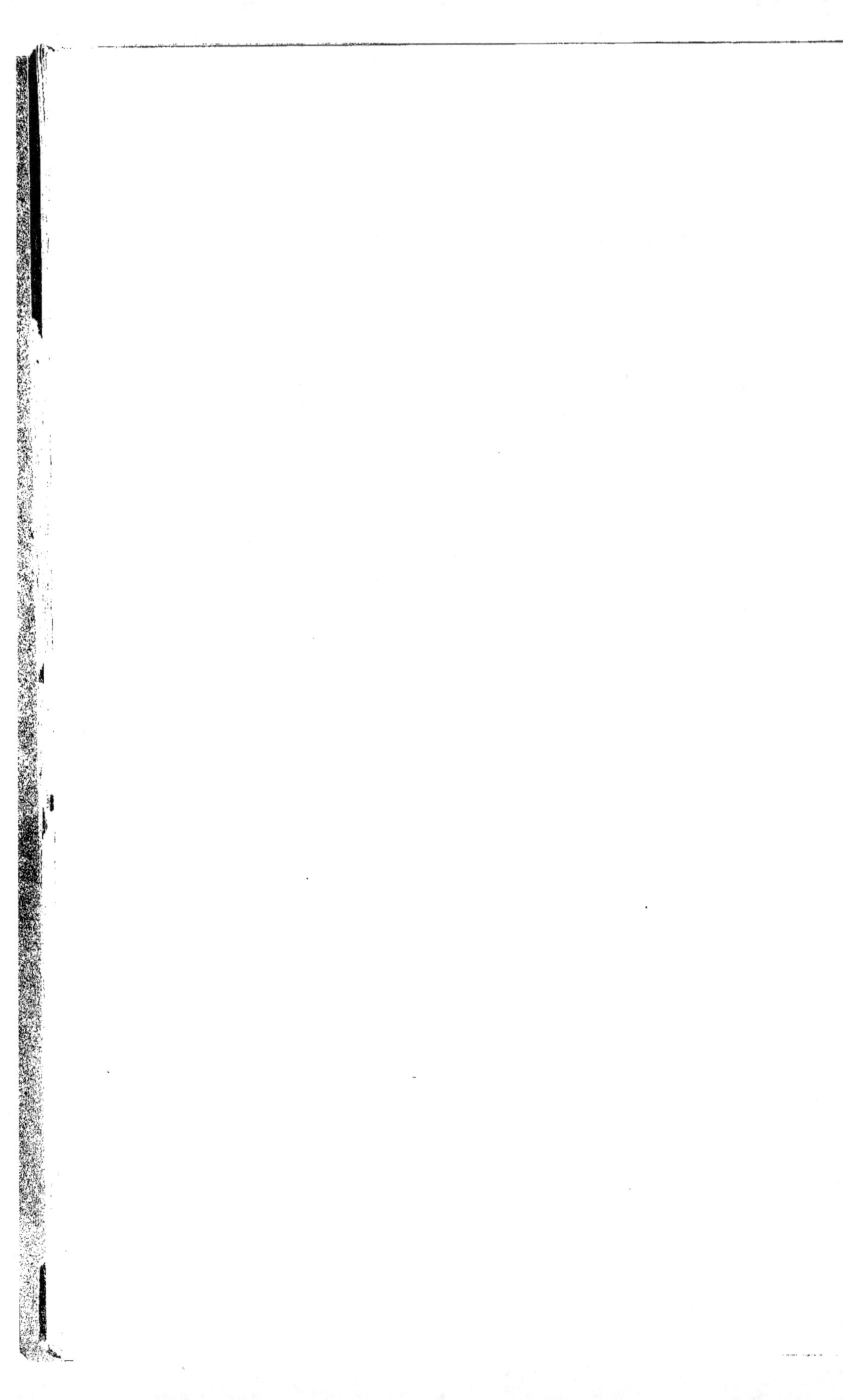

PREMIÈRE PARTIE

ÉLÉMENTS DE LOCOMOTION HIPPIQUE

NOTIONS PRÉALABLES.

Lorsqu'on regarde marcher un cheval au pas et que l'on cherche à savoir comment il se meut, l'œil ne parvient pas à fixer l'image des quatre membres, à un instant quelconque du mouvement.

La photographie instantanée, grâce à des durées de pose extrêmement courtes, a pu, seule, saisir le cheval dans les attitudes les plus variées.

Bien avant la découverte des plaques au gélatino-bromure, le capitaine Raabe était arrivé, par l'observation directe et en décomposant les mouvements, à analyser les allures du cheval.

Après avoir étudié le jeu d'un seul membre, il a examiné le jeu de deux membres congénères, puis il a comparé ensemble le jeu d'un antérieur avec celui d'un postérieur, en diagonale, et en latérale.

C'est ainsi qu'a été faite la théorie du pas normal.

Pour les allures sautées, « le maître de la locomotion hippique » a procédé d'une façon analogue, mais il a rencontré alors une difficulté insurmontable. Quelle était la durée de la suspension de la masse à tel ou tel genre de trot, à tel ou tel genre de galop?

La question menaçait de rester insoluble, quand M. Marey, professeur de physiologie au Collège de France, est venu, avec des appareils enregistreurs de son invention, déterminer de la façon la plus précise la durée d'appui et la durée de suspension de chacun des quatre membres du cheval, à toutes les allures.

Ces expériences datent de 1873.

Aussitôt qu'elles lui furent connues, c'est-à-dire dès 1874, le capitaine Raabe reprit ses travaux sur les allures sautées, y introduisit les résultats constatés par M. Marey, et, se servant, en outre, des pistes ou empreintes faites sur le sol aux diverses allures, il parvint à reconstituer sur le papier la série complète des mouvements du corps et des membres du cheval, non seulement à chacune des allures fondamentales, pas, trot, galop, mais encore aux allures irrégulières et aux allures forcées ainsi qu'au grand galop de course.

Cet immense travail était terminé dès l'année 1876; mais des difficultés matérielles n'ont pas permis qu'il vît le jour à cette époque.

Les photographies instantanées de l'Américain Muybridge, ne firent que confirmer l'exactitude des résultats obtenus par le capitaine Raabe au moyen des durées d'appui, des pistes, et des vitesses relatives.

Aperçu de la théorie des vitesses relatives.

La théorie des vitesses relatives est des plus ingénieuses, et voici un aperçu des résultats qu'elle permet d'obtenir avec l'aide des durées d'appui et des pistes.

Un cheval, au galop à droite, a parcouru un terrain sablonneux, laissant derrière lui des pistes distantes entre elles de 1 mètre, et le pied postérieur gauche a marqué sa foulée à côté de celle qu'a faite l'antérieur droit à la fin du pas précédent.

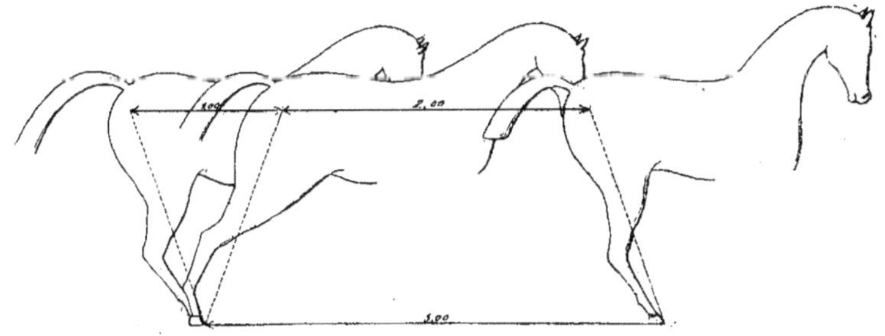

Fig. 1.

Ce cheval était pourvu des appareils enregistreurs de Marey.

On a constaté, grâce à ces appareils, que chaque pied avait été appuyé pendant un temps proportionnel à 1/3, et, en mouvement, pendant un temps proportionnel à 2/3.

Si l'on ne considère que le postérieur gauche et le

corps du cheval, on voit que la masse a progressé pendant 1/3 sur ce pied, et 2/3 pendant que le même pied était en mouvement.

Le postérieur gauche a donc parcouru son enjambée dans le temps que la masse parcourait les 2/3 seulement de sa progression.

Or, cette progression est de 3 mètres, pour la masse comme pour le pied.

On est donc en droit d'établir que, pendant que la masse avançait de 2 mètres, le postérieur gauche effectuait une enjambée de 3 mètres.

En comparant entre eux ces deux espaces parcourus dans le même temps, on a :

$$3 = 2 + 1.$$

$$3 = 2 + \frac{1}{2} \text{ de } 2.$$

Autrement dit :

La vitesse du pied est égale à la vitesse de la masse, augmentée de la moitié de cette vitesse.

De même :

$$2 = 3 - 1.$$

$$2 = 3 - \frac{1}{3} \text{ de } 3.$$

Ou bien :

La vitesse de la masse est égale à la vitesse du pied, diminuée du tiers de cette vitesse.

La vitesse du pied en fonction de la vitesse de la masse est dite « super-vitesse », tandis que la vitesse de la masse en fonction de la vitesse du pied s'appelle « l'infer-vitesse ».

Ces définitions supposent au pied et à la masse, chacun en ce qui les concerne, un mouvement uniforme.

Or, cela n'est pas exact.

Il y a pour le pied, comme pour la masse, des périodes d'accélération et des périodes de ralentissement. Mais les différences ne peuvent être considérables, et, dans tous les cas, la théorie des vitesses relatives satisfait l'esprit, parce qu'elle permet de reconstituer, point par point, la série complète des mouvements, à une allure quelconque.

En effet, si l'on veut savoir la position du pied postérieur gauche après que la masse, ayant quitté l'appui de ce pied, a parcouru $0^m,80$, par exemple, on dira : La progression du postérieur gauche a été $0^m,80 + \frac{1}{2}$, $0^m,80$ ou $1^m,20$. Ce pied est à $1^m,20$ en avant de sa dernière empreinte.

En rapprochant la position du postérieur gauche de celle qu'occupe le postérieur droit, en raison de l'emplacement de sa foulée, on obtient l'attitude des deux postérieurs.

On fait de même pour les antérieurs, et l'on a ainsi l'attitude complète du cheval à l'instant choisi.

Centres de mouvement.

Examinons un cheval passant lentement, au pas, devant nous, de gauche à droite.

Si nous portons notre attention sur l'arrière-main, nous voyons que la cuisse droite oscille à chaque pas

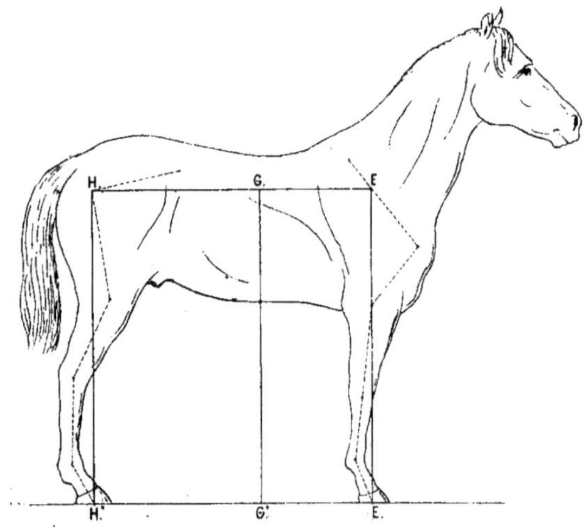

Fig. 2.

E Centre du mouvement de l'épaule.	EE' Ligne d'aplomb antérieure.
H — — de la hanche.	HH' — — postérieure.
EH Ligne des centres de mouvement.	GG' Ligne de gravité p^r un surpoids de 1/5.

autour d'un pivot fixe qui n'est autre que l'articulation coxo-fémorale. A l'avant-main, c'est différent. L'épaule bascule autour d'un centre qui n'est ni anatomique, ni fixe. Il semble, à voir son mouvement, que Stephenson a calqué sur elle la fameuse coulisse qui règle si bien le jeu des tiroirs d'une locomotive.

L'allure est-elle lente, le centre de mouvement de l'épaule s'abaisse. Aux allures rapides, il s'élève, restreignant ou augmentant ainsi le jeu du membre qui lui correspond, à la façon d'un régulateur.

Mais si le jeu de bascule de l'épaule présente des variations, celles-ci ne sont pas très sensibles, surtout aux allures ordinaires.

De nombreuses observations faites par Raabe permettent de donner au centre de bascule ou de mouvement de l'épaule une position moyenne, au 1/3 supérieur du scapulum, c'est-à-dire au tiers de la longueur de l'os, à partir de son sommet.

On appellera, par suite, centre de mouvement de la hanche droite, l'articulation coxo-fémorale droite et centre de mouvement de l'épaule droite, un point idéal situé au 1/3 supérieur de l'épaule droite.

Par extension et pour simplifier, on dira :

Centre des épaules. — Centre des hanches.

La ligne qui joint ces deux points a été nommée par Raabe la *ligne des centres de mouvement.*

Lignes d'aplomb.

Pour nous, la ligne d'aplomb de l'antérieur droit, par exemple, est la verticale abaissée du centre de mouvement de l'épaule droite.

Cette ligne passe en avant, au milieu ou en arrière du pied correspondant, suivant que le cheval est campé, régulièrement placé, ou rassemblé.

Lignes de conformation.

Les lignes de conformation, que les vétérinaires confondent avec les lignes d'aplomb, sont les axes rectilignes ou curvilignes des membres.

Un cheval peut être en station régulière, c'est-à-dire d'aplomb, en présentant des lignes de conformation convexes ou concaves, vues de face ou de profil.

La confusion des vétérinaires provient de ce qu'ils ont ignoré ou négligé l'importance des centres de mouvement.

Ligne de gravité.

La ligne de gravité est la verticale passant par le centre de gravité.

Le centre de gravité n'est à peu près fixe qu'en station; encore varie-t-il, à chaque mouvement de la respiration, et, suivant que le cheval se campe, se place régulièrement, ou se rassemble.

La détermination du centre de gravité d'un cheval est l'application du théorème suivant de mécanique élémentaire :

Pour qu'une barre rigide, aux extrémités de laquelle sont suspendus des poids différents, se maintienne en équilibre sur un couteau, il faut que les bras de levier, de part et d'autre du couteau, soient inversement proportionnels aux poids qu'ils supportent.

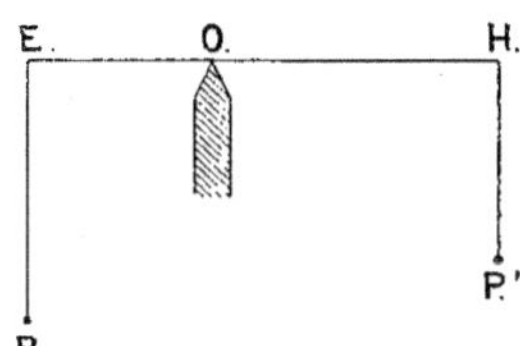

Soit : EH une barre rigide reposant en équilibre sur le couteau O.

Il faut que

$$OE \times P = OH \times P'.$$

D'où :

$$OE = \frac{OH \times P'}{P}.$$

On a alors :

$$OE = \frac{P'}{P}(EH - OE).$$

$$OE \times P = P' \times EH - P' \times OE.$$

$$OE(P + P') = P' \times EH.$$

$$OE = \frac{P' \times EH}{P + P'}.$$

Des expériences, faites autrefois par M. le général Morris et M. Baucher, qui pesèrent séparément l'avant-main et l'arrière-main d'un grand nombre de chevaux sur des bascules appropriées, ont montré que l'avant-main est toujours plus lourd que l'arrière-main et que le surpoids de l'avant-main varie, suivant les chevaux, du 1/5 au 1/9 du poids total.

Supposons qu'un cheval pesant 500 kilogrammes ait son poids réparti à raison de 300 kilogrammes sur l'avant-main et de 200 kilogrammes sur l'arrière-main.

Le surpoids de l'avant-main étant de 100 kilogrammes, sera le 1/5 du poids total.

Quelle sera la position de la ligne de gravité chez ce cheval?

Il suffit, dans l'expression : $OE = \frac{P' \times EH}{P + P'}$, de remplacer P et P' par les poids de l'avant-main et de l'arrière-main, puis de mesurer la distance EH, des centres du mouvement.

Admettons que cette distance soit de $1^m,20$, nous aurons alors :

$$OE = \frac{200 \times 1,20}{500} = \frac{240}{500} = 0^m,48.$$

$$OE = 0^m,48.$$

Et par suite :

$$OH = 0^m,72.$$

La ligne de gravité passe à $0^m,48$ en arrière des lignes d'aplomb antérieures et à $0^m,72$ en avant des lignes d'aplomb postérieures.

Supposons maintenant que sur ce cheval on place un cavalier avec son paquetage, le tout pesant 100 kilogrammes et que cette charge se répartisse également sur l'avant-main et sur l'arrière-main.

La formule $OE = \frac{P' \times EH}{P + P'}$ donnera :

$$OE = \frac{250 \times 1{,}20}{600} = \frac{300}{600} = 0^{m},50.$$

D'où :

$$OH = 1{,}20 - 0{,}50 = 0^{m},70.$$

Le centre de gravité commun de l'homme, de son paquetage et du cheval aura été refoulé de $0^{m},02$ en arrière.

Est-ce un avantage?

N'est-il pas plus rationnel de répartir la charge sur les quatre membres du cheval proportionnellement au poids que chacun d'eux supporte à l'état libre?

Si l'on admet cette conclusion, l'arrimage du paquetage et la position du cavalier devront être tels que la charge de 100 kilogrammes se répartisse sur l'avant et sur l'arrière-main, proportionnellement aux poids de 300 kilogrammes et de 200 kilogrammes.

On aura ainsi, en désignant par X le surpoids à donner à l'avant-main,

$$\frac{X}{300} = \frac{100}{500}.$$

$$X = \frac{30000}{500} = 60 \text{ kilogrammes.}$$

Par conséquent, la charge devra être de 60 kilogrammes sur l'avant-main et de 40 kilogrammes seulement sur l'arrière-main.

Ces résultats théoriques sont susceptibles de recevoir un jour une application dans la cavalerie.

Mensurations.

La *taille* d'un cheval se mesure verticalement du sommet du garrot au sol.

La *longueur* du cheval est comprise, suivant une horizontale, entre la pointe de l'épaule et le bord opposé de la fesse.

On dit que le cheval est carré lorsqu'il est aussi haut que long.

Les chevaux de sang anglais sont généralement plus longs que hauts.

La distance des centres de mouvement est égale, en moyenne, aux 3/4 de la longueur du cheval.

Bases de sustentation.

On dit que le cheval forme une *base diagonale droite* lorsqu'il s'appuie sur l'*antérieur droit* et le postérieur gauche, pendant que les deux autres membres sont levés.

Inversement, la base *diagonale gauche* résulte de l'appui sur l'*antérieur gauche* et le postérieur droit.

La base latérale droite et la base latérale gauche n'ont pas besoin d'être expliquées.

On remarquera d'abord que l'antérieur droit, ou gauche, donne son nom à la base diagonale dont il fait partie.

Ensuite, le bon sens et l'expérience montrent que le cheval *en station* peut rester appuyé sur un seul bipède diagonal et qu'il tomberait s'il voulait s'appuyer uniquement sur un bipède latéral.

On verra plus loin qu'à l'allure du pas, le cheval s'appuie tantôt sur une base diagonale, tantôt sur une base latérale. Immédiatement, on peut prédire que si l'allure est lente, les appuis sur les bipèdes diagonaux seront plus longs que les appuis sur les bipèdes latéraux, et, qu'au contraire, si l'allure du pas est rapide, les appuis sur les bipèdes latéraux pourront augmenter de durée, au détriment des bipèdes diagonaux. En effet, la vitesse diminue l'instabilité de l'équilibre. L'homme se berce quand il marche très lentement, et avance presque en ligne droite dès qu'il s'est mis au pas accéléré. Le vélocipédiste ne conserve son équilibre que grâce au mouvement; or, cet équilibre est d'autant mieux assuré, que la vitesse est plus grande.

On appelle *base tripédale antérieure droite* (*gauche*), la base fournie par l'*antérieur droit* (*gauche*) et les deux postérieurs.

Une *base tripédale postérieure gauche droite* comporte l'appui du *postérieur gauche* (*droit*) et des deux antérieurs.

La *base quadrupédale* s'explique d'elle-même. Pour

être complète, l'énumération des bases comprend aussi la *base unipédale antérieure droite* (*gauche*) ou *postérieure droite* (*gauche*) que l'on observe dans les divers galops et dans les trots décousus ou traquenardés.

CHAPITRE PREMIER

ALLURES MARCHÉES

Le pas.

A ne considérer que les deux membres antérieurs, ou les deux membres postérieurs, évoluant par paire, à l'allure du pas, et, en général, à toutes les allures mar-

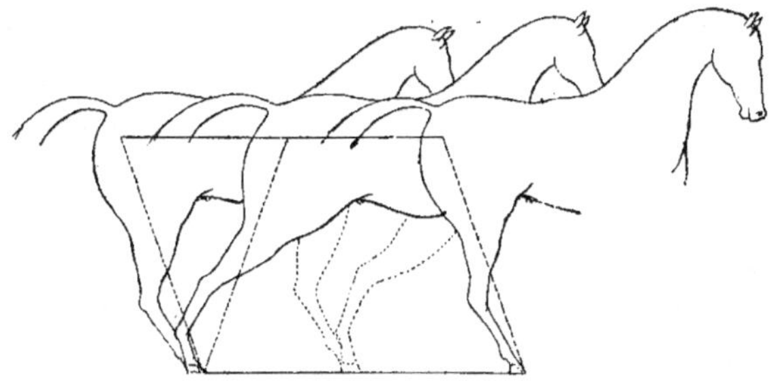

Fig. 3.

chées, leur jeu est tout à fait semblable à celui des jambes de l'homme en marche.

Toute la difficulté de l'étude de l'allure du pas réside dans les combinaisons variées de l'avant-main et de l'arrière-main, considérés comme bipèdes indépendants.

Observons notre propre marche. Lorsque notre pied gauche prend terre, la hanche gauche est en arrière d'une verticale abaissée sur le pied ; cette même hanche est en avant de la même verticale, à l'instant où le pied gauche se lève pour entamer son enjambée.

A l'appui du pied gauche succède l'appui du pied droit, en sorte que notre corps avance en s'appuyant tantôt sur le pied gauche, tantôt sur le pied droit, aussi longtemps sur l'un que sur l'autre.

Pendant qu'un pied supporte le corps, l'autre pied décrit son enjambée, et cette enjambée est égale à la progression du corps appuyé d'abord sur un pied, puis sur l'autre.

La vitesse du pied en mouvement est alors double de la vitesse du corps. En effet, supposons que notre corps avance de $0^{m},75$ pendant qu'il est appuyé sur le pied gauche et de $0^{m},75$ sur le pied droit, l'étendue du pas complet sera de $1^{m},50$. Or, tandis que le pied droit supportait le corps, le pied gauche a parcouru $1^{m},50$, c'est-à-dire une enjambée, ou pas complet.

Mais l'échange d'appui, à l'allure du pas, n'a pas lieu instantanément.

Les physiologistes qui se sont occupés de la marche de l'homme, et, en particulier Marey, ont constaté une période plus ou moins longue de « *double appui* » au moment où le poids du corps passe d'un pied sur l'autre.

La durée du double appui varie en raison inverse de la vitesse de la marche. Elle est donc plus longue dans la marche lente que dans la marche rapide. En outre, elle augmente avec la longueur du pied dont le déroulement, ou lever, se fait pendant le double appui.

Nous pouvons conclure de là que la durée du double appui est moins longue chez le cheval que chez l'homme, par suite de la faible longueur du sabot.

Enfin, la courte durée du double appui ne saurait avoir une influence sensible sur le mécanisme des quatre membres du cheval, à l'allure du pas. Nous n'en tiendrons pas compte dans notre étude des allures.

On a comparé, de longue date, la marche de deux hommes se suivant en file, à distance fixe, au pas du cheval.

Cette comparaison n'est pas sans utilité pour faire saisir les rapports de rythme entre l'avant-main et l'arrière-main.

Supposons deux hommes, l'un derrière l'autre, à un mètre de distance, et portant sur leurs épaules un brancard lourdement chargé.

Dès que ces hommes se mettront en mouvement, ils pourront conjuguer leur marche de bien des manières, à la condition, toutefois, que leurs pieds ne s'atteignent pas. Aussi longtemps qu'ils feront des enjambées inférieures à 1 mètre, pas d'atteinte possible, même si le postérieur droit pose à l'instant où l'antérieur droit se lève, mais, dès que les enjambées augmenteront, ces deux hommes devront combiner leur marche de telle sorte que l'antérieur droit ait levé plus ou moins longtemps avant que le postérieur droit ait posé.

Si les deux porteurs font des enjambées de $1^m,50$, l'antérieur droit devra se lever lorsque le postérieur droit, en mouvement, est encore à $0^m,50$ en arrière de lui.

Dans le cas où les enjambées seraient de 2 mètres, l'antérieur droit lèverait, alors que le postérieur droit serait encore à 1 mètre derrière lui, et l'allure serait l'amble.

En admettant, ce qui est vrai, que la stabilité de la charge soit mieux assurée, pendant la marche lente, sur de longs appuis diagonaux, la durée de ces appuis ira sans cesse en diminuant, tandis que les durées d'appui sur les latéraux augmenteront, au fur et à mesure de l'accélération de la marche et de l'augmentation proportionnelle des enjambées.

En effet, l'antérieur droit se levant, par exemple, quand le postérieur droit est encore à $0^m,50$ en arrière de lui (enjambées de $1^m,50$), les deux hommes seront à l'appui sur le latéral gauche pendant le temps que met le postérieur droit à parcourir $0^m,50$. Avec des enjambées de 2 mètres, la marche s'effectuera uniquement sur des bases latérales de 1 mètre d'étendue.

Il en est de même pour le cheval. Aux allures marchées lentes, le besoin de stabilité le force à avancer sur des bases diagonales longues en étendue et en durée, entrecoupées de bases latérales courtes en durée mais longues en étendue. Au fur et à mesure que l'allure s'accélère, la stabilité des bases latérales devenant suffisante, et, d'ailleurs, la nécessité de pousser les postérieurs en avant des pistes des antérieurs s'imposant de plus en plus, le cheval augmente la durée et diminue l'étendue de ses bases latérales, en même temps qu'il diminue l'étendue et la durée de ses bases diagonales. A la limite de l'accélération du pas, l'allure devient l'amble.

Le trot succédant au pas n'est pas le résultat d'une accélération des enjambées ; il est produit par une augmentation de la durée et de l'étendue des bases diagonales, au détriment de la durée des bases latérales.

On peut conclure de tout ce qui précède que le nombre des genres, et, par conséquent, des rythmes du pas, est indéfini. Tous les pas sont compris entre le petit trot marché, dépourvu de bases latérales, qui est une allure exceptionnelle, et l'amble, qui ne comporte pas de bases diagonales.

En résumé, l'étendue et la durée des bases diagonales sont en raison directe de la lenteur de la marche au pas, et en raison inverse de son accélération. Pour les bases latérales, c'est le contraire, en ce qui concerne leur durée.

Après la vue d'ensemble que nous venons de donner sur l'allure du pas, revenons au détail de la marche du cheval.

Le capitaine Raabe a divisé l'évolution d'un membre en six périodes, trois à l'appui, trois en mouvement.

1re Phase (à l'appui).	Commencement de l'appui. Milieu de l'appui. Fin de l'appui.
2e Phase (en mouvement).	Lever. Soutien. Poser.

En prenant l'enjambée de $1^{m},80$ et en examinant l'antérieur droit, il est facile de voir que le corps du cheval avance de $0^{m},90$ à l'appui sur ce pied et que le même pied exécute ensuite son enjambée de $1^{m},80$.

Il s'ensuit que chaque période d'appui correspond à une translation du corps de $0^{m},30$, tandis que chaque période de mouvement du pied est de $0^{m},60$.

Pas normal.

On dit qu'un cheval marche au pas normal lorsqu'il couvre les empreintes, ou pistes, de ses antérieurs avec ses postérieurs.

Ce genre de pas est celui du cheval libre quand rien ne l'excite. Le pas normal s'impose au cheval marchant sur un terrain difficile, car, dans ce cas, la stabilité est assurée par le bon choix des places où poseront les antérieurs.

Au pas normal, l'échange d'appuis que font entre eux l'antérieur droit (gauche) et le postérieur droit (gauche) n'est pas instantané. Il nécessite, en réalité, une avance de $0^{m},60$ environ (1/3 d'enjambée) pour l'antérieur droit (gauche), et c'est justement cette avance qui provoque la formation d'une base latérale gauche (droite) sur laquelle le corps progresse de $0^{m},30$ (1/6 du pas complet).

Dans la comparaison que nous avons faite précédemment des deux hommes se suivant à un mètre de distance, nous n'avons pas tenu compte de la longueur des pieds, ni de la durée des échanges d'appui, parce que nous ne voulions pas compliquer la description.

Pour en revenir au pas normal, c'est justement la formation d'une base latérale, dont la durée est le 1/6 de la durée d'un pas complet, qui a conduit le capitaine Raabe à diviser l'évolution d'un membre en 6 et non en 8, 10, 12, etc..... périodes.

Pas de départ.

Le cheval étant en station régulière, c'est-à-dire ayant ses pieds sous les *centres de mouvement* de chaque épaule et de chaque hanche, si l'on provoque son départ au pas, voici les constatations que l'on peut faire.

En raison du surpoids de l'avant-main, qui diminue les efforts de l'arrière-main comme agent de propulsion, le cheval entame le pas en levant un antérieur.

Admettons que ce soit le droit.

Ce pied pose à $0^{m},60$ (cheval de $1^{m},60$ de taille exécutant des enjambées normales de $1^{m},80$) en avant de l'antérieur gauche.

Le postérieur gauche, qui s'est levé ensuite, a posé à

$0^m,30$ en arrière de l'antérieur gauche, puis cet antérieur s'est porté à $0^m,90$ en avant de l'antérieur droit, décrivant ainsi une enjambée de $1^m,50$. Enfin, le postérieur droit s'est mis en mouvement le dernier, pour exécuter l'enjambée normale de $1^m,80$.

Les enjambées ont été les suivantes :

Antérieur droit : $0^m,60$.
Postérieur gauche : $0^m,90$.
Antérieur gauche : $1^m,50$.
Postérieur droit : $1^m,80$.

Ensuite, chaque membre décrit son enjambée de $1^m,80$, et les pieds, du même côté, se remplacent sur le sol, exactement.

La marche au pas débutant toujours par le lever d'un membre antérieur, suivi du lever du membre postérieur en diagonale, il en résulte que l'appui de l'antérieur droit, par exemple, détermine la formation de la base latérale droite. Cette base est détruite par l'appui du postérieur gauche qui forme la base diagonale droite. A l'appui du postérieur gauche succède celui de l'antérieur gauche qui vient détruire la base diagonale droite et la remplace par la base latérale gauche, laquelle sera à son tour détruite et remplacée par la base diagonale gauche.

De ce qui précède, il faut retenir les principes suivants :

a) L'appui du membre antérieur droit (gauche)

détruit la base diagonale gauche (droite) et forme la base latérale droite (gauche).

b) L'appui du membre postérieur gauche (droit) détruit la base latérale droite (gauche) et construit la base diagonale droite (gauche).

Pas d'arrêt.

Le cheval, au pas, s'arrête à l'inverse du départ.

Supposons que le commencement de l'arrêt ait lieu sur le pied antérieur droit.

L'antérieur droit pose et ne bouge plus.

Le postérieur gauche pose à $0^m,90$ en arrière de l'antérieur droit.

L'antérieur gauche vient se poser à côté du droit.

Le postérieur droit s'arrête à $1^m,20$ (cheval de $1^m,60$ de taille) de l'antérieur droit.

Les enjambées du pas d'arrêt ont donc été :

Antérieur droit : $1^m,80$.
Postérieur gauche : $1^m,80$.
Antérieur gauche : $0^m,90$.
Postérieur droit : $0^m,60$.

On remarquera que dans le pas d'arrêt à droite (1er temps exécuté par l'antérieur droit), le postérieur gauche s'est arrêté à $0^m,90$ en arrière de l'antérieur droit, par conséquent, à $0^m,30$ en avant de la ligne d'aplomb de la hanche, située à $1^m,20$ de la ligne d'aplomb de l'épaule, chez un cheval de $1^m,60$ de taille.

Mais le cheval reprend bien vite la station régulière sur les quatre pieds alignés, deux par deux, en reculant son postérieur gauche de $0^m,30$.

Démonstration pratique du mécanisme du pas normal.

Avant que le cheval ait reculé son postérieur gauche, à la suite d'un arrêt à droite, levons-lui le pied gauche de devant, comme pour examiner son fer, aussitôt, on voit le postérieur droit basculer autour de la pince, prêt à se lever.

En imprimant au membre antérieur gauche, mis ainsi artificiellement au soutien, un léger mouvement en avant, on détermine un mouvement de bascule plus ou moins prononcé du pied postérieur droit autour de la pince.

La corrélation, rendue de cette façon évidente, entre le soutien d'un antérieur et le lever du postérieur, en diagonale, vient donc renforcer la théorie du pas normal en six périodes, émise pour la première fois par le capitaine Raabe.

Le tableau suivant donne toutes les indications pour ce genre de pas.

A. G.	P. D.	A. D.	P. G.	BASES SUCCESSIVES.	
Soutien.	Lever.	Milieu de l'appui.	Commencement de l'appui.	Base diagonale droite......	2 périodes.
Poser.	Soutien.	Fin de l'appui.	Milieu de l'appui.	Base diagonale droite......	
Commencement de l'appui.	Poser.	Lever.	Fin de l'appui.	Base latérale gauche.....	1 période.
Milieu de l'appui.	Commencement de l'appui.	Soutien.	Lever.	Base diagonale gauche.....	2 périodes.
Fin de l'appui.	Milieu de l'appui.	Poser.	Soutien.	Base diagonale gauche.....	
Lever.	Fin de l'appui.	Commencement de l'appui.	Poser.	Base latérale droite.....	1 période.
Soutien.	Lever.	Milieu de l'appui.	Commencement de l'appui.	Base diagonale droite......	2 périodes.
Poser.	Soutien.	Fin de l'appui.	Milieu de l'appui.	Base diagonale droite......	
Commencement de l'appui.	Poser.	Lever.	Fin de l'appui	Base latérale gauche.....	1 période.

Rythme du pas normal.

En consultant le tableau qui précède pour savoir comment se font entendre les quatre battues d'un pas, on constate que si l'on prend pour origine des quatre battues d'un pas le commencement de l'appui de l'antérieur gauche (3e ligne), les commencements d'appui des autres membres se suivent dans l'ordre et avec des intervalles de temps que la figure suivante représente assez bien :

AG $\underline{\ 1/6\ }$ PD $\underline{\ 2/6\ }$ AD $\underline{\ 1/6\ }$ PG $\underline{\ 2/6\ }$

En comptant *un* au moment où l'antérieur gauche frappe le sol, *deux*, *trois* et *quatre* sur les appuis successifs des trois autres pieds, on a le rythme des quatre battues du pas normal qu'exprime la portée ci-dessous :

1020030400102003004.

On a vu, plus haut, que le pas normal est caractérisé par la superposition des pistes. A l'instant où l'antérieur droit, par exemple, forme, en prenant terre, la base latérale droite, le postérieur droit, déjà à l'appui, se dispose à faire son enjambée pour venir couvrir la piste qu'aura laissée l'antérieur droit. Il suit de là qu'au pas normal, l'étendue de la base latérale est égale à l'enjambée.

Mais, pendant que le postérieur droit exécutera son enjambée, l'arrière-main sera supportée par le postérieur gauche après que celui-ci aura devancé d'une demi-enjambée le postérieur droit à l'appui.

Le postérieur gauche aura donc formé avec l'antérieur droit une base diagonale égale à la moitié d'une enjambée, ou, ce qui revient au même, d'une base latérale.

Voilà pour le pas normal.

Rythmes des différents pas.

Passons aux pas accélérés.

La distance qui sépare les centres de mouvement étant invariable chez un même cheval, on conçoit que si les postérieurs accélèrent et allongent leurs enjambées, les membres antérieurs, tout en se conformant aux mouvements de l'arrière-main, devront précipiter leurs battues afin de n'être pas atteints par les postérieurs qui les suivent.

Par exemple, le cheval étant au pas normal, supposons que pendant qu'il est appuyé sur la base diagonale droite (antérieur droit, postérieur gauche), le postérieur droit accélère son enjambée et veuille la pousser au delà de l'emplacement occupé par le pied antérieur droit. Celui-ci devra se lever plus tôt que précédemment, afin de laisser passer le postérieur droit ; et l'antérieur gauche, par suite, posera plus tôt qu'il ne l'eût fait sans cela. Il en résultera une diminution de durée pour la base diagonale droite et une augmentation de durée proportionnelle de la base latérale gauche. En outre, la longueur de la base latérale gauche qui succédera à la base diagonale droite normale, sera diminuée, parce que l'antérieur gauche aura dû poser prématurément. Diminuée aussi, par la même raison, sera l'étendue de la base diagonale gauche suivante.

Le rythme de la marche ne sera plus, dans ces nouvelles conditions, celui que nous avons figuré plus haut. L'intervalle entre la battue d'un postérieur et la battue suivante de l'antérieur, en latérale, diminuera, tandis que l'intervalle entre la battue d'un antérieur et celle du postérieur qui lui succède, en diagonale, augmentera.

Il viendra un moment où les quatre battues se feront entendre à intervalles égaux, autrement dit, seront isochrones.

Une accélération encore plus accentuée produira des

bases latérales d'une durée plus longue que celles des bases diagonales, et alors l'intervalle entre deux battues successives, en diagonale, sera plus long que l'intervalle entre deux battues successives, en latérale. Le rythme des battues sera l'inverse de celui des pas compris entre le petit trot marché et le pas normal. Enfin, lorsque les battues, en latérale, arriveront à se confondre, l'allure ne sera plus le pas, mais l'amble.

Le tableau ci-dessous montre les principaux rythmes des allures marchées, depuis le petit trot marché traquenardé jusqu'à l'amble rompu.

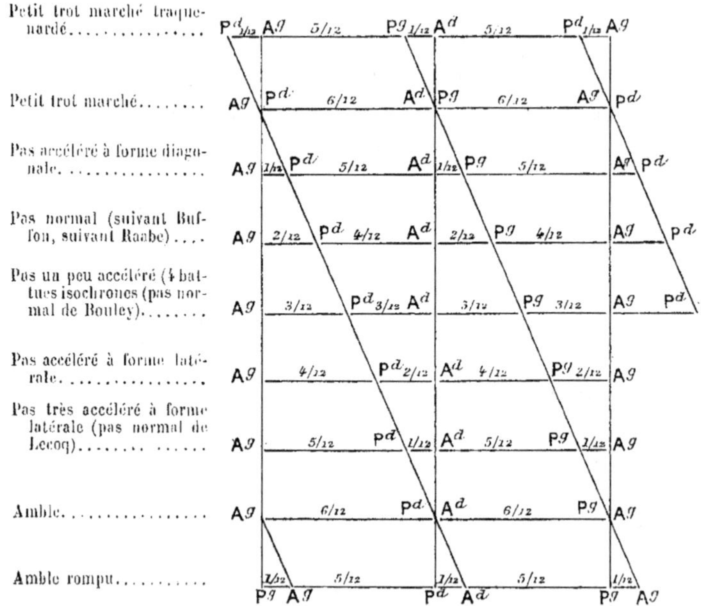

D'après ce qui précède, on conçoit qu'un cheval long puisse exécuter des enjambées plus étendues qu'un cheval court, à égalité de méjugers, car plus la distance des centres de mouvement est grande, plus aussi le jeu de l'arrière-main est indépendant de celui de l'avant-main.

Le cheval qui présenterait une conformation telle que la distance de ses centres de mouvement fût supérieure à la plus grande enjambée dont il est susceptible, ce cheval marcherait certainement par diagonaux synchrones, à l'allure du pas, même le plus accéléré.

On peut déjà pressentir, d'après cela, que les allures rapides, à forme diagonale, entre autres les grands trots de course, sont plus facilement obtenues par des chevaux longs que par des chevaux carrés.

Les beaux modèles de trotteurs russes et américains confirment cette induction théorique.

Modifications apportées à l'allure du pas par le cavalier.

Après ce que nous avons dit de la construction des bases de sustentation, à l'allure du pas, il est facile de comprendre que si, par un moyen artificiel, tel que l'emploi de la cravache ou de la jambe, on actionne un membre postérieur à l'instant de la fin de son appui (base latérale), c'est-à-dire quand il va commencer une enjambée, ce postérieur précipitera son lever; pour cela, il faut que l'autre postérieur ait pris terre prématurément.

Cette précipitation, dans l'appui du postérieur ainsi *actionné indirectement*, a pour effet d'allonger l'étendue et la durée de la base diagonale qu'il construit.

Mais l'accroissement des bases diagonales en longueur et en durée conduit au petit trot. Il en résulte que l'action sur l'arrière-main, quand elle n'indique pas au cheval une accélération de la vitesse du pas, a pour effet de provoquer le passage du pas à un petit trot raccourci que l'on peut transformer peu à peu en passage et en piaffer.

Inversement, en actionnant les membres antérieurs au moment de la fin de leur appui, on obtient de leur part une accélération et un allongement des enjambées antérieures qui augmentent la vitesse de la marche.

Une base diagonale étant détruite par le poser d'un antérieur, plus vite posera l'antérieur et moins longtemps aura duré la base diagonale qui a précédé.

De même, toute base latérale, au pas, étant formée par le poser d'un antérieur, une telle base augmentera de durée si l'antérieur précipite son appui.

Donc, l'excitation des membres antérieurs, au moment de la fin de leur appui, a pour résultat d'activer la marche du cheval dans le sens de l'amble.

Les peuples cavaliers emploient d'instinct un procédé fort simple d'accélération de la marche au pas, qui consiste à exciter alternativement le flanc quand il oscille d'une base latérale sur l'autre.

L'action du talon ou de l'étrier au flanc du cheval se fait alors sentir principalement pendant la base diagonale qui fait suite à une base latérale, et elle précipite le lever de l'antérieur du même côté, ou, ce qui est la même chose, accélère le poser de l'antérieur opposé.

Si un antérieur est actionné à l'instant où il arrive sur le sol, son attitude le prédispose à refouler la masse en arrière; c'est le cas lorsque la cravache, ou la jambe du cavalier, fait sentir son action près de la sangle, à ce moment. De même, l'excitation d'un postérieur, à l'instant où il prend terre, provoque un reflux de la masse en arrière.

La cravache, ou la jambe du cavalier, agissant à égale distance de l'antérieur et du postérieur, à l'appui durant une base latérale, tend à ralentir l'avant-main et à accélérer le jeu de l'arrière-main, d'où résulte une élévation du devant et l'engagement, avec cadence, des pieds postérieurs.

En résumé, le cheval étant au pas ralenti ou au pas normal, une action sur le flanc à l'instant où l'antérieur du même côté prend terre, provoque :

a) Le petit trot;

b) La cadence avec ralentissement;

c) Le ralentissement simple;

d) L'arrêt;

e) Enfin le reculer, suivant que cette action agit : *a*) Loin derrière la sangle; *b*) A égale distance des antérieurs et des postérieurs; *c*) Près de la sangle; *d*, *e*) Enfin sur la sangle ou un peu en avant d'elle.

Mise en main, à l'allure du pas.

On ne doit et on ne peut raisonnablement exiger la mise en main, à l'allure du pas, que si le cheval marche au pas normal ou à un pas ralenti.

La grande étendue et la longue durée des bases diagonales, aux divers pas ralentis, y compris le pas normal, permettent au cheval de se mouvoir en état de décontracture complète ; mais, aux différents pas accélérés, le cheval formant des bases diagonales durant peu de temps et des bases latérales, au contraire, longues en durée, il est indispensable que les diverses régions de son corps se contractent plus ou moins, afin d'assurer l'équilibre.

Donc, il est *extrêmement important* de ne demander la mise en main qu'aux allures lentes et pendant un temps assez court, en faisant alterner le travail de mise en main avec des promenades de détente et d'allongement, dites de repos.

Marche oblique, à l'allure du pas.

La marche oblique du cheval, au pas, correspondant au travail de deux pistes, qui comprend les mouvements de « changement de main diagonal en tenant les hanches » « tête au mur » « changement de main latéral en tenant les hanches » et « croupe au mur » ne peut s'exécuter que lentement.

Il faut, en effet, que dans la marche oblique à droite en avançant (changement de main diagonal en tenant les hanches) de gauche à droite, par exemple, l'antérieur gauche passe devant l'antérieur droit et vienne poser à sa droite, que le postérieur gauche fasse de même vis-à-vis du postérieur droit. On dit alors que les membres gauches chevauchent.

Or, de tels mouvements impliquent des bases diagonales, longues en étendue et en durée, qui excluent tout pas accéléré.

Dans les obliques, en avançant diagonalement, le corps du cheval peut être sensiblement parallèle au grand côté du manège, en faisant, toutefois, précéder légèrement les épaules dans le sens du mouvement.

Quand il s'agit d'une marche oblique latérale comme dans « tête au mur » ou « croupe au mur », on doit veiller attentivement à ce que l'axe du corps du cheval fasse un angle maximum de 45° avec la ligne de progression latérale. Si l'on exagérait l'oblique dans ce cas, le cheval « s'entablerait », c'est-à-dire s'entrechoquerait les genoux, non sans éprouver, de ce fait, une vive douleur. Pendant l'exécution de tout travail de deux pistes, le bout du nez du cheval doit être tourné dans le sens du mouvement, ce qu'on appelle « donner le pli » ou « le placer », parce que, dans cette attitude, la tête est légèrement pliée sur l'extrémité de l'encolure ; mais il faut éviter avec le plus grand soin que le pli de la tête n'entraîne l'encolure elle-même ou ne l'incurve, car alors on surchargerait l'épaule opposée au sens du mouvement au lieu de la dégager.

Quand nous appuyons à droite, nous faisons refluer le poids de notre corps du côté où nous voulons aller et nous jetons les yeux sur le chemin à parcourir. Ainsi fait le cheval quand nous lui accordons les moyens d'obéir aux lois de la nature.

L'arrêt.

Le cheval étant en marche au pas, il suffit, pour provoquer son arrêt, d'agir au passage des sangles par une pression énergique de la cravache ou de la jambe. Les membres antérieurs se contractent alors en extension, se fixent au sol, et tout s'arrête.

Le reculer.

Le cheval étant arrêté, pour le faire reculer on peut, ou bien, exercer une pression au passage des sangles, ou bien, faire agir la cravache sur la hanche, du côté du pied postérieur le plus avancé.

Si les quatre pieds sont alignés, deux par deux, on fait un effet d'ensemble, puis un effet diagonal, en frappant légèrement avec la cravache le sommet de la croupe du côté du postérieur opposé, en diagonale, à l'effet de la rêne de bride.

Une fois le reculer commencé, on l'entretient en donnant un léger coup de cravache, alternativement, sur la hanche du côté où pose l'antérieur, et à l'instant de ce poser.

Le reculer régulier s'exécutant en deux temps et par diagonaux, comme le petit trot marché, on conçoit qu'à l'instant où un antérieur prend terre en arrière de son congénère, le postérieur du même côté soit en avant de l'autre, prêt à se lever et par conséquent à obéir au jeu de cravache.

CHAPITRE II

ALLURES SAUTÉES

Le trot.

Le trot est une allure sautée en deux temps, qui s'exécute par diagonaux.

Au trot, les bases diagonales ont une longueur sensiblement égale à la distance des centres de mouvement.

L'étendue d'un pas de trot, comprise entre deux empreintes consécutives d'un même pied, dépend du déjuger, du juger ou du méjuger.

Le petit trot franc présente un déjuger. Son pas est inférieur au double d'une base diagonale. Lorsqu'il y a juger (superposition des pistes en latérale), le trot est dit normal; son étendue, pour un pas, est de deux fois la longueur d'une base diagonale.

Au grand trot, le cheval se méjuge, en exécutant des pas supérieurs à deux bases diagonales.

L'étendue du déjuger ou du méjuger indique de combien le pas de trot est inférieur ou supérieur au double d'une base diagonale.

Le trot comporte, entre la fin d'un temps et le commencement du temps suivant, une période de suspension plus ou moins longue, qui varie depuis zéro jusqu'à la moitié de la durée d'appui sur une base diagonale.

On ne peut et on ne doit exiger la mise en main qu'aux petits trots et au trot normal.

Départ au trot.

1° Un cheval arrêté *en station régulière* peut partir directement au trot. Il lui suffit de faire effort avec un de ses diagonaux pour chasser la masse en avant. Celle-ci, après une suspension variable, viendra tomber sur l'autre diagonal qui se sera avancé avec sa vitesse propre.

Généralement, le cheval fait quelques pas avant de prendre l'allure du trot.

2° Le cheval, marchant *au pas normal* ou à un pas qui s'en approche, s'embarque au trot de la façon suivante :

On sait qu'à l'allure du pas, la battue d'un postérieur se fait entendre un court instant après la battue de l'antérieur, en diagonale.

Si, après le poser de l'antérieur droit, par exemple, le postérieur gauche, au lieu d'achever son enjambée propre, l'écourte et pose plus tôt et moins loin, l'intervalle de temps compris entre la battue de l'antérieur droit et celle du postérieur gauche aura diminué et la longueur de la base diagonale droite aura augmenté.

Que le postérieur droit, qui s'est mis ensuite en mouvement, écourte encore son enjambée, il pourra poser en même temps que l'antérieur gauche, à la distance des centres de mouvement, et former avec lui la première base d'un pas de trot.

Passage du trot au pas et à l'arrêt.

3° Le cheval passe *du trot* au pas en dissociant le diagonal droit, par exemple, pendant l'appui sur le diagonal gauche.

Après la suspension provoquée par la détente de ce dernier diagonal, l'antérieur droit prend terre, le premier, et forme étai, pour diminuer la vitesse acquise. Après lui, le postérieur gauche, qui a dû accélérer son mouvement, construit la première base diagonale droite de l'allure du pas. Le diagonal gauche se dissocie à son tour, et pose en 2 temps, à commencer par l'antérieur.

4° Le cheval peut passer du trot à l'arrêt, comme de l'arrêt au trot, sans transition ; le cas est rare.

Généralement, il passe au pas d'abord, puis du pas à l'immobilité.

Les actions du cavalier, pour embarquer son cheval au trot ou pour le faire passer au pas, se déduisent du mécanisme.

Elles se feront toutes au moment de l'appui des antérieurs ; loin des sangles, pour exciter les postérieurs, organes d'impulsion ; près des sangles, pour exciter les antérieurs, organes de ralentissement.

Galop.

Le galop franc est une allure sautée, en 3 temps ou battues.

Le galop franc peut être petit, normal ou grand.

A tous les galops francs, le mécanisme est le même.

Dans le galop à droite, le postérieur gauche forme la première foulée. L'antérieur gauche et le postérieur droit posent ensuite simultanément, à la distance des centres de mouvement, et battent le 2e temps ; enfin l'antérieur droit marque le 3e temps ou battue.

Chaque pied formant une piste ou foulée, le galop présente, comme toutes les allures, quatre foulées.

Au galop à gauche, l'ordre des battues est celui-ci :

Postérieur droit. 1re battue ou temps (1re foulée) ;

Diagonal droit. 2e battue ou temps (2e et 3e foulées) ;

Antérieur gauche. 3e battue ou temps (4e foulée).

Après la 4e foulée, on entend un silence relativement grand, qui correspond à l'appui sur le membre antérieur ayant posé le dernier et à la période de suspension.

C'est le membre marquant le 3e temps qui donne son nom au galop.

Le corps du cheval ne passe pas directement d'un appui sur le suivant.

Au galop à droite, par exemple, le diagonal gauche marque ses foulées avant que le postérieur gauche ait levé, comme aussi, l'antérieur droit prend terre pendant que le diagonal gauche est encore appuyé. Les très courtes périodes qui correspondent à ces appuis simultanés de trois membres, ont été nommées « associations » par le capitaine Raabe.

Dans le même exemple, le diagonal gauche s'associe avec le postérieur gauche, et, plus tard, avec l'antérieur droit.

La succession des bases, toujours au galop à droite, est celle-ci :

Base unipédale postérieure gauche ;
Base tripédale antérieure gauche ;
Base diagonale gauche ;
Base tripédale postérieure droite ;
Base unipédale antérieure droite ;
Suspension ;
Base unipédale postérieure gauche, etc.

Le cheval, au galop, se dépiste (petit galop) lorsque sa 1re foulée a lieu en arrière de la 4e foulée du pas précédent ; il se piste (galop normal) quand la 1re foulée se fait à côté de la 4e foulée du pas précédent ; enfin, il se mépiste (grand galop), lorsque sa 1re foulée a lieu en avant de la 4e foulée du pas précédent.

L'étendue d'un pas de galop (de la 1re foulée à la 1re foulée suivante) est égale à la distance comprise entre la 1re et la 4e foulée (galop normal), diminuée du dépister (petit galop), ou augmentée du mépister (grand galop).

La durée de la suspension qui fait suite au 3e temps du galop varie depuis zéro jusqu'au 1/3 de la durée totale d'appui sur les membres.

Au galop normal, cette suspension est environ le 1/10 de la durée d'appui; elle atteint le 1/3, au galop le plus rapide des grands galops réguliers (course).

Départs au galop.

Pour plus de facilité, nous allons indiquer les départs au galop à droite, en partant du trot, du pas, puis de la position arrêtée.

Les départs au galop à gauche sont identiques, à cette différence près que l'ordre des battues est inversé.

Nous montrerons ensuite comment le cheval passe du galop au trot, du galop au pas et du galop à l'arrêt.

1° *Du trot au galop à droite.*

La transition s'opère d'une façon différente selon que le galop est la conséquence obligée d'un trot de plus en plus accéléré, ou bien que le cheval passe directement d'un petit trot, ou encore du trot naturel, au galop.

a. Dans le premier cas, il dissocie les battues de ses deux diagonaux, les antérieurs posant les premiers, pour diminuer les périodes de suspension et obtenir un ralentissement momentané.

Ce ralentissement facilite la transition qui s'opère de la façon suivante :

A la suite de la suspension consécutive à l'appui sur le diagonal gauche, le diagonal droit se dissocie, l'antérieur posant le premier. Le diagonal gauche, dissocié aussi, mais moins, succède au diagonal droit, après une courte suspension de la masse. Vers la fin de l'appui sur le diagonal gauche, l'antérieur droit prend terre en s'associant avec lui. Pendant que cet antérieur est ensuite appuyé, le postérieur gauche, qui a retardé sensiblement son poser, vient former la première foulée du premier pas de galop ; toutefois, ce premier pas n'est pas suivi d'une suspension. Celle-ci ne se produit qu'à la fin d'un des pas suivants. Dès le 2e pas transitoire de galop, le diagonal gauche a repris ses battues synchrones.

b. Lorsque le cheval passe directement d'un petit trot au galop, à droite, il choisit l'instant de son appui sur le diagonal gauche pour accélérer le mouvement du postérieur gauche. L'appui de ce postérieur a lieu pendant que le cheval est encore appuyé sur la base diagonale gauche.

Après une courte association des deux postérieurs, pour soulever l'avant-main, le postérieur droit se lève ; le 1er temps est formé.

Les deux autres temps s'accomplissent ensuite comme au galop ordinaire en 3 temps.

c. Si le cheval est à un trot voisin du trot normal, plus rapide, par suite, que les petits trots, il passe au galop en 3 temps d'une façon qui diffère un peu de la précédente.

Son postérieur gauche marque le 1er temps en avant de l'empreinte laissée par le postérieur droit, à la fin de la suspension qui succède à l'appui sur le diagonal gauche. Les autres temps se suivent comme ci-dessus.

2° *Du pas au galop à droite.*

Le cheval profite du moment où il est appuyé sur la base latérale gauche pour attirer son postérieur droit et relever un peu son avant-main. Le postérieur droit, très engagé sous la masse, achève de soulever l'avant-main, puis le postérieur gauche vient poser à courte distance en avant du postérieur droit à l'appui.

L'avant-main, soutenu haut, s'allonge sous l'action de détente des deux postérieurs, puis le postérieur droit se lève, et le postérieur gauche achève son rôle de facteur du 1er temps d'un pas de galop à droite.

3° *De l'arrêt au galop à droite.*

Le cheval étant de pied ferme, se dispose à partir au galop à droite en engageant son postérieur droit sous la masse. Au moment du départ, il s'affaisse légèrement sur les deux jarrets, soulève son avant-main, l'antérieur droit un peu en arrière du gauche en quittant terre après lui, puis le cheval s'allonge sous l'effort de la croupe.

Le postérieur gauche exécute ensuite le 1er temps du galop, en posant un peu en avant du droit ; alors ce dernier lève et se prépare à former avec l'antérieur gauche la base diagonale gauche, ou 2e temps du galop.

Le pas s'achève comme un pas ordinaire de galop.

4° *Du galop à droite au trot.*

Cette transition s'opère à l'inverse du passage du trot au galop à droite. Elle peut être répartie sur un certain nombre de pas, ou bien s'accomplir presque instantanément.

a) — Si elle s'exécute progressivement, le postérieur gauche active son arrivée sur le sol et supprime la suspension qui succède ordinairement au troisième temps d'un pas de galop à droite. Le diagonal gauche se dissocie par le poser anticipé de l'antérieur gauche, et l'antérieur droit retarde son appui.

Au pas de transition suivant, qui n'a pas été précédé d'une suspension, le postérieur gauche pose assez tôt pour former avec l'antérieur droit, encore à l'appui, une base diagonale longue en étendue, mais courte en durée.

Les pas transitoires qui suivent voient augmenter progressivement la durée de la base diagonale droite, et son raccourcissement, jusqu'à ce que le synchronisme des battues diagonales se soit produit.

b) — Lorsque le cheval passe sans transition du galop à droite au trot, le mécanisme de ses membres est analogue à celui que nous venons de décrire, mais le postérieur gauche se glisse encore plus vite que dans le premier cas sous la masse alors appuyée sur l'antérieur droit (3e temps), de façon à rétablir le synchronisme des battues du diagonal droit, à partir du second appui sur ce diagonal.

5° *Du galop à droite au pas.*

Le cheval commence la transition au moment où il est à l'appui sur la base diagonale gauche. Arcbouté sur ce diagonal, il ralentit sa vitesse, pendant que l'antérieur droit, prenant terre en avant de son congénère, forme avec le postérieur droit la 1re base latérale du pas.

L'arrivée rapide du postérieur gauche qui va prendre terre en avant du postérieur droit, détermine la base diagonale droite succédant à la base latérale droite, et le 1er pas se continue et s'achève sur la latérale gauche, puis sur la base diagonale gauche.

6° *Du galop à droite à l'arrêt.*

L'arrêt court au galop, nommé aussi *Parade*, est exécuté de la façon suivante :

Après la suspension qui suit le 3e temps sur l'antérieur droit, le postérieur gauche s'engage fortement sous la masse, en guise d'arc-boutant. A cet appui succède celui de l'antérieur gauche puis celui du postérieur droit. L'antérieur droit prend terre le dernier.

A la fin du mouvement, les pieds ne sont pas alignés par paire; le latéral gauche est en arrière du latéral droit; ensuite, le cheval reprend la station régulière, en avançant le pied antérieur gauche, à côté du droit, et en reculant le postérieur droit sur l'alignement du gauche.

L'arrêt court est plutôt un mouvement de l'ancienne haute école qu'un moyen usuel de passer du galop à l'immobilité. Il présente l'inconvénient de fatiguer énormément les jarrets et les boulets. On ne doit donc recourir à ce mode d'arrêt qu'exceptionnellement. En général, la transition du galop à l'arrêt comporte du trot et du pas.

Réglage des demandes du cavalier.

De toutes ces transitions d'allures on conclut que :

1° Pour passer du trot au galop à droite, il convient de faire la demande à l'instant où le cheval arrive à l'appui sur le diagonal gauche (l'antérieur gauche prend terre).

2° Pour passer du pas au galop à droite, la demande sera faite au moment où l'antérieur gauche prend terre (formation de la base latérale gauche).

3° Pour passer de l'arrêt au galop à droite, il faudra, ou bien traverser la croupe à droite, ou bien attirer le membre postérieur droit (ce qui vaut mieux) et provoquer ensuite le départ.

4° Pour passer du galop au trot, la demande sera faite sur la dernière foulée d'un pas de galop.

5° Pour passer du galop à droite au pas, l'ordre sera donné à l'instant où se produit le 2e temps, voire même pendant l'appui sur le postérieur gauche (1er temps).

6° Pour passer du galop à droite à l'arrêt, on agira comme pour passer au pas, en donnant aux aides une énergie plus grande.

Changements de pied.

On dit que le cheval change de pied, au galop, lorsqu'il inverse, sans changer d'allure, l'ordre des appuis de ses membres.

Le cheval étant au galop à droite, change de pied, c'est-à-dire passe au galop à gauche, en inversant le branle de son galop primitif, de la manière suivante :

Pendant que le cheval est appuyé, au 3e temps, sur l'antérieur droit, le postérieur droit, qui vient de lever, active sa progression pour dépasser le postérieur gauche.

Après la suspension consécutive au 3e temps, le postérieur droit marque le 1er temps d'un pas de galop à gauche.

Les autres membres ont ralenti ou accéléré leurs mouvements de façon à faire leurs appuis dans l'ordre du galop à gauche.

Le changement de pied, du galop à gauche au galop à droite, s'exécute par les moyens inverses, mais au même instant.

On conclut, de ce qui précède, que la demande d'un changement de pied, au galop, doit être faite pendant que le cheval est à l'appui sur le pied antérieur qui a marqué le 3e temps du galop.

Galops désunis.

Un cheval est dit « à faux » lorsque, tournant à droite, il galope sur le pied gauche, et *vice versâ;* il galope juste, dans les deux cas contraires.

Au galop régulier, un diagonal s'est dissocié pour battre le 1er et le 3e temps, alors que l'autre diagonal s'est associé, au contraire, pour battre le 2e temps. Mais le cheval peut aussi battre le 2e temps avec un latéral;

dans ce cas, il est désuni. Au galop désuni, les membres combinent leurs mouvements en latérale, c'est-à-dire à l'inverse du galop régulier.

Le galop désuni est moins stable que le galop régulier, parce que le bipède qui forme le 2e temps, et avec lequel s'associent, à tour de rôle, les deux autres membres, est latéral au lieu d'être diagonal.

Le galop désuni à droite (gauche) a ses 1er et 3e temps marqués par les pieds droits (gauches).

On dit qu'un cheval est désuni du derrière, quand, travaillant à main droite, le jeu de son avant-main est celui du galop régulier à droite, tandis que son arrière-main est à faux.

Le cheval est désuni du devant, dans le cas contraire.

Le cheval désuni du derrière offre à son cavalier une sécurité presque aussi grande qu'au galop régulier et juste, mais chez le cheval désuni du devant, la chute est imminente, pour peu que la vitesse s'accélère.

Un cheval, au petit galop rassemblé, exécute facilement une conversion de faible rayon ; mais lorsque le galop est rapide, le rayon de courbure doit être grand, à moins que le manège ne présente, comme au cirque, un talus extérieur qui joue l'office du rail surélevé des chemins de fer.

Si ce talus fait défaut et si le cavalier exige une vitesse supérieure à celle que comporte le rayon de la courbe parcourue, le cheval utilisant les merveilleuses ressources de son mécanisme se désunit de l'arrière-main. Tournant à droite, par exemple, il marque le 1er temps avec le postérieur droit et le deuxième avec le latéral gauche, et celui-ci, faisant l'office d'étai extérieur, rejette vigoureusement la masse en dedans pour lutter contre la force centrifuge. Enfin, l'antérieur droit redresse le tout, de la quantité nécessaire.

Combien de fois n'a-t-on pas vu battre des chevaux travaillés à la longe, parce qu'ils se désunissaient du derrière en galopant trop vite !

Le terme de désuni, du devant, ou du derrière, s'explique au manège; mais, à l'extérieur?

Il vaudrait mieux, croyons-nous, dire « désuni par latéral droit, ou gauche ».

Le cheval désuni est remis juste à la suite d'une action du cavalier, qui est faite sur la 4e foulée ou 3e temps, tout comme s'il s'agissait d'un changement de pied. Le galop désuni peut être considéré, en effet, comme l'assemblage de deux demi-galops réguliers en sens contraire. En provoquant l'interversion des membres antérieurs, dans la désunion du devant, et l'interversion des postérieurs, dans la désunion du derrière, on met le cheval régulier.

Sauts.

Le cheval est apte à sauter en hauteur, en profondeur, en largeur, ou bien en hauteur et largeur, en largeur et profondeur.

L'obstacle en hauteur doit être abordé à une allure calme, généralement au petit galop.

Le cheval, en arrivant près de l'obstacle, raccourcit ses bases, se rassemble à l'extrême, puis prend son élan par une détente simultanée des deux postérieurs, en élevant son corps par un demi-cabrer.

L'avant-main passe au-dessus de l'obstacle, alors que l'arrière-main est encore appuyé.

Dès que les postérieurs quittent terre, l'encolure et les membres de devant s'allongent et se baissent, afin de faire pivoter le grand axe du corps autour d'un petit axe, à angle droit, passant par le centre de gravité.

Le cheval se reçoit, au delà de l'obstacle, sur un pied antérieur, puis sur l'autre qui pose en avant ($0^m,30$ ou $0^m,40$) du premier. Ensuite, les deux postérieurs, qui se sont troussés, entre temps, pour ne pas toucher l'obstacle, s'allongent et prennent terre, à faible distance ($0^m,30$ ou $0^m,40$) du moins avancé des antérieurs.

A ce moment, il y a un léger temps d'arrêt provenant de l'amortissement du travail de réception sur le sol.

Le cheval allonge ensuite son avant-main en l'élevant un peu, se pousse, d'abord avec les deux postérieurs, puis avec un seul, et enfin exécute le 1er temps d'un nouveau pas de galop.

La 1re suspension du galop n'a donc lieu qu'à la fin du pas qui suit le nouveau départ consécutif au groupement des pieds sur le sol immédiatement au delà de l'obstacle.

Les autres genres de sauts participent, plus ou moins, du saut en hauteur, au point de vue du mécanisme des membres.

Les obstacles larges doivent être abordés à grande vitesse, de façon à diminuer l'effort, dans le sens horizontal, que l'arrière-main doit produire.

Le saut en largeur ne nécessite pas une période de suspension aussi grande qu'on pourrait le croire à première vue.

Que l'on suppose, en effet, une rivière de 3 mètres de largeur, à franchir.

Les battues d'appel des deux postérieurs s'exécuteront, par exemple, à 1 mètre du bord, un peu plus près, un peu plus loin.

Le cheval, appuyé sur ces deux pieds, s'étendra au-dessus de la rivière et ne quittera terre de l'arrière-main que lorsque son corps et ses membres auront atteint toute leur extension.

Dans cette attitude, un cheval de $1^{m},60$ de taille mesure, en comptant l'allongement de ses membres, au moins 3 mètres.

Si les pieds antérieurs arrivent sur le sol à 1 mètre environ au delà de l'obstacle, le cheval aura été en suspension pendant que son corps parcourait 2 mètres, qui sont la différence entre 5 mètres, largeur totale du franchissement, et 3 mètres, extension totale du cheval.

Les obstacles en profondeur exigent également beaucoup de train, afin que le cheval se reçoive aussi loin que possible, c'est-à-dire très obliquement par rapport au sol. On conçoit que la résultante du choc en profondeur se rapproche d'autant plus de la composante horizontale que celle-ci a une valeur plus grande par rapport à la composante verticale.

Le mécanisme du saut indique bien au cavalier le rôle qu'il doit jouer.

C'est le cheval, et non lui qui saute. La première condition est de ne gêner le cheval que le moins possible, surtout en lui laissant toute liberté dans le jeu de son encolure.

En arrivant devant un obstacle en hauteur, le cavalier peut assurer le ralentissement et le rassembler de son cheval par un jeu de jambes approprié. Il évitera aussi de surcharger l'avant-main lorsqu'elle arrive sur le sol, de l'autre côté de l'obstacle. Enfin, la reprise des moyens de conduite n'aura lieu qu'après l'extension qui suit le groupement des quatre pieds à la fin du saut.

CHAPITRE III

ALLURES ANORMALES

Certaines allures anormales ou irrégulières, dont quelques-unes portent des noms spéciaux, ne doivent pas être ignorées des hommes de cheval.

Nous en dirons quelques mots.

Le pas normal, selon Vincent et Goiffon, Solleysel, Lecoq, Colin, est en réalité un pas accéléré dont le méjuger varie de 0,15 à 0,20 centimètres.

Boulay donnait, comme pas normal, un pas plus accéléré que le précédent, avec méjugers de $0^m,30$ à $0^m,40$, faisant entendre quatre battues isochrones.

Boulay appelait « Pas relevé » un amble rompu. Cette même allure était dénommée « traquenard » par Lecoq.

La Guérinière nommait « entrepas » et Lecoq « allure normande » un petit trot marché traquenardé, fort rapide, dans lequel le postérieur prend terre, un court instant avant l'antérieur en diagonale, en formant des déjugers de $0^m,30$ à $0^m,40$.

Trots décousus.

On appelle trot décousu un genre de trot, dans lequel

le synchronisme des battues diagonales est rompu par l'appui prématuré de l'antérieur, et dont les bases diagonales sont inférieures, en étendue, à la distance des centres de mouvement. Ce trot fait entendre 4 battues, dont 2 très rapprochées.

Au trot décousu, l'arrière-main pousse vigoureusement la masse, tandis que l'avant-main la retient.

Certains chevaux trottent décousu parce qu'ils souffrent des pieds antérieurs, ou qu'ils ne savent pas coordonner leurs mouvements; tels sont des chevaux non encore habitués au poids du cavalier.

Le trot décousu est encore, pour le cheval, un moyen de trotter vite, avec de courtes suspensions. Cette allure est défectueuse, parce qu'elle met le cheval sur les épaules.

Trots traquenardés.

Les trots traquenardés, qui font entendre, eux aussi, 4 battues, diffèrent des trots décousus en ce que leurs bases diagonales étant plus grandes que la distance des centres de mouvement, la rupture du synchronisme des battues diagonales est produite par le postérieur qui prend terre un instant avant l'antérieur.

Presque toujours, le trot traquenardé est produit par une accélération excessive de l'allure du trot, et appartient, dès lors, à la catégorie des grands trots, avec méjugers.

Parmi les grands trots traquenardés, le plus remarquable est le Flyng-trot, ou trot de course, dont les enjambées sont de 4 à 5 mètres.

Au Flyng-trot, et en général à tous les grands trots traquenardés, un postérieur prenant terre, un instant avant l'antérieur, en diagonale, celui-ci, à la fin de son appui, supporte toute la masse ; d'où fatigue et usure prématurée. Pour remédier à cet inconvénient, les Américains ont adopté, pour leurs grands trotteurs, des rênes de Panurge très tendues, qui relèvent la tête ainsi que l'encolure et reportant le plus de poids possible sur l'arrière-main.

Aubin.

L'aubin est une allure hybride dans laquelle le cheval trotte de l'avant-main et simule le galop avec l'arrière-main, ou bien, trotte de l'arrière-main et simule le galop avec l'avant-main.

Petit galop décousu en quatre temps.

Le petit galop décousu en quatre temps s'observe chez certains chevaux que leurs maîtres ont cru mettre au petit galop à force d'enrênement : il est aussi l'apanage des haridelles qui figurent dans les manèges à 20 sous le cachet. Les uns et les autres ont su s'adapter aux exigences de la situation. Forcés de galoper quand même et toujours, ils simulent le galop et quittent terre peu ou prou après la dernière foulée. C'est une allure rampée.

misérable, qui n'a rien de commun avec le petit galop rassemblé.

Au petit galop décousu en quatre temps à droite, par exemple, les battues s'exécutent dans l'ordre suivant :

1re battue. Postérieur gauche ;
2e battue. Antérieur gauche ;
3e battue. Postérieur droit ;
4e battue. Antérieur droit.

Les bases diagonales de ce galop sont inférieures à la distance des centres de mouvement et ses enjambées sont parfois inférieures à celles du pas normal.

Non seulement le cheval, à cette allure, se dépiste, mais encore il se déjuge parfois.

Grâce aux expériences de Marey, il est démontré qu'au petit galop, en 4 temps à droite, par exemple, il y a formation d'une base quadrupédale, comprise entre la base tripédale antérieure gauche et la base tripédale postérieure droite.

Avec les associations des membres appuyés sur ces bases tripédales, on compte 7 bases pendant l'exécution d'un pas de petit galop en 4 temps, savoir :

1. Appui du postérieur gauche. Base unipédale ;
2. Appui de l'antérieur gauche. Base latérale ;
3. Appui du postérieur droit. Base tripédale ;
4. Appui de l'antérieur droit. Base quadrupédale ;
5. Lever du postérieur gauche. Base tripédale ;
6. Lever de l'antérieur gauche. Base latérale ;
7. Lever du postérieur droit. Base latérale.

Grand galop en quatre temps.

Lorsque le cheval, au grand galop en 3 temps, veut accélérer encore sa vitesse, il rompt le synchronisme des battues du diagonal, formant le 2e temps, par l'appui anticipé du postérieur, et il forme une base diagonale centrale, supérieure à la distance des centres de mouvement. On dit alors qu'il est au grand galop en 4 temps.

Les désignations de « grand galop forcé », de « petits galops de course », s'appliquent à des grands galops en 4 temps ou traquenardés, dont les enjambées varient entre 5 et 6 mètres et demi.

A tous les grands galops en 4 temps, le corps du cheval est appuyé plus ou moins longtemps sur la base diagonale centrale.

Au grand galop de course, il n'y a pas de base diagonale, dans le sens exact du terme. Par exemple, dans un pas de grand galop de course à droite, le postérieur gauche exécute la première foulée, le postérieur droit pose ensuite à moins d'un mètre de son congénère, et ces deux membres s'associent longuement pour activer l'impulsion.

La masse passe directement de l'appui sur le postérieur droit à l'appui sur l'antérieur gauche en s'étendant à l'extrême; ensuite, le corps est soutenu par l'antérieur gauche, puis par l'antérieur droit, qui se sont associés faiblement, et enfin, le cheval est en suspension jusqu'à ce que son postérieur gauche marque la 1re foulée d'un nouveau pas.

Pendant que le cheval exécute la suspension qui termine un pas de grande course, ses membres sont groupés sous lui. Ils atteignent, au contraire, leur maximum d'extension à l'instant de la 3e foulée. D'ailleurs, dans tous les galops, les membres se réunissent sous le ventre après la 4e foulée et s'étendent, depuis la 1re foulée du pas suivant, à la façon d'une main qui se fermerait et s'ouvrirait alternativement.

Rassembler, de pied ferme, et en mouvement.

Le rassembler, de pied ferme, est l'attitude que prend le cheval en rapprochant les 2 pieds postérieurs des 2 pieds antérieurs.

La base de sustentation quadrupédale du cheval rassemblé, en place, étant courte, son instabilité extrême fait songer à l'œuf de Christophe Colomb.

Le rassembler très accentué, de pied ferme, a peu d'applications. Tout autre est le rassembler, avec cadence, des membres diagonaux, que l'on désigne sous le nom de piaffer.

Le cheval, au piaffer, est prêt à se porter en tous sens, pourvu que son cavalier sache saisir le temps convenable.

Le cheval qui exécute le vrai piaffer a les mouvements moelleux. Les articulations jouent sans effort, et l'ensemble forme un tout harmonieux, très agréable à l'œil. Les battues diagonales du piaffer sont synchrones et les bases correspondantes très courtes.

Le passage n'est pas autre chose qu'un piaffer en avançant. Cette allure, qui respire la fierté, veut être moelleuse comme le piaffer ; comme lui, elle est lente et majestueuse.

Le piaffer, ainsi que le passage, s'obtiennent par un jeu de cravache ou de jambes, qui actionnent alternativement les postérieurs au moment où se forment, au pas ralenti, les bases latérales par le poser d'un antérieur.

Le petit galop rassemblé est un petit galop dans lequel la base diagonale centrale, bien que plus courte que la distance des centres de mouvement, est formée par des battues synchrones.

Conclusion.

On a vu qu'aux allures marchées ou sautées, le cheval forme, tantôt des bases diagonales alternant avec des bases latérales, tantôt des bases latérales uniques, tantôt des bases diagonales seules. On a appris, qu'à telle allure, le synchronisme des battues latérales, ou diagonales, a été rompu par un poser anticipé de l'arrière-main, ou de l'avant-main, qu'à telle autre, un bipède diagonal a formé une base centrale, tandis que l'autre bipède diagonal s'est dissocié largement.

Tous ces détails se graveraient difficilement dans l'esprit si leur étude n'était suivie de l'exposé de quelques principes simples s'appliquant, chacun, à un groupe bien défini d'allures.

Nous allons essayer d'énoncer ces principes, aussi simplement que possible.

On peut diviser les allures en deux grandes catégories : les allures à forme diagonale et les allures à forme latérale.

Les allures à forme diagonale, les plus nombreuses, comprennent :

Le petit trot marché traquenardé :
Le petit trot marché ;
Le pas compris entre le petit trot marché et le pas normal ;
Le pas normal ;
Les pas s'accélérant vers l'amble jusqu'au pas à battues isochrones ;
Les divers genres de trot sautés, en 2 et 4 temps ;
Les galops, à l'exception du petit galop décousu en 4 temps.

Les allures à forme latérale sont :

Les pas très accélérés tendant vers l'amble ;
L'amble ;
L'amble rompu ;
Le petit galop décousu en 4 temps ;
Les galops désunis en 3 et 4 temps.

Le grand galop de course n'a ni base diagonale ni base latérale ; il est unique dans son genre.

1er *Principe.* — Toutes les fois que, dans une allure à forme diagonale (ou à forme latérale), une base diagonale (ou latérale) a pour longueur la distance des centres de mouvement, les foulées des pieds qui composent ce diagonal (ou ce latéral) ont été formées simultanément, autrement dit, les battues ont été synchrones.

EXEMPLES :

a) Allures diagonales.
- 1° Les trots en 2 temps ;
- 2° Le 2e temps des galops réguliers en 3 temps.

b) Allures latérales.
- 1° L'amble ;
- 2° Le 2e temps des galops désunis en 3 temps.

2e *Principe.* — Lorsque, dans une allure à forme diagonale (ou à forme latérale), une base diagonale (ou latérale) présente une étendue plus grande, ou plus petite, que la distance des centres de mouvement, les battues du diagonal (ou latéral) qui a formé cette base ont été hétérochrones, et, en outre, leur synchronisme a été rompu par le poser anticipé d'un postérieur, si la base est augmentée, et par celui d'un antérieur, si la base est diminuée.

EXEMPLES :

1° Étendue de la base plus grande que la distance des centres de mouvement.

a) Allures diagonales.	Petit trot marché traquenardé ; Grands trots traquenardés en 4 temps ; Grands galops traquenardés en 4 temps.
b) Allures latérales.	Amble rompu ; Grand galop traquenardé désuni en 4 temps.

2° Étendue de la base plus petite que la distance des centres de mouvement.

a) Allures diagonales.	Les pas compris entre le petit trot marché et le pas normal ; Le pas normal ; Les pas s'accélèrent vers l'amble jusqu'au pas à battues isochrones. Les trots décousus.
b) Allures latérales.	Les pas accélérés voisins de l'amble ; Le petit galop décousu en 4 temps.

Il n'y a d'exception à ce principe que dans le piaffer, le passage et le galop rassemblé en 3 temps. A ces trois allures artificielles, les battues diagonales sont synchrones, bien que les bases diagonales soient sensiblement plus courtes que la distance des centres de mouvement.

3e *Principe.* — Les membres postérieurs étant des agents propulseurs, tandis que les membres antérieurs, véritables antagonistes de l'arrière-main, sont des organes de support et des régulateurs, il s'ensuit qu'aux allures à forme diagonale (ou latérale), l'impulsion est d'autant plus grande qu'un antérieur prend terre plus longtemps après le postérieur en diagonale (ou en latérale). Ce résultat découle également de ce que le postérieur agit d'autant mieux, pour l'impulsion, qu'il est plus voisin de la fin de son appui.

Inversement, l'impulsion est d'autant plus faible qu'un antérieur prend terre plus longtemps avant le postérieur en diagonale (ou en latérale).

EXEMPLES :

1° Postérieur posant avant l'antérieur.

a) Allures diagonales.	Petit trot marché traquenardé ;	
	Grands trots traquenardés ;	allures sautées.
	Grands galops en 4 temps.	
b) Allures latérales.	Amble rompu ;	allures marchées.
	Petit galop désuni en 4 temps ;	
	Grands galops désunis.	

2° Postérieur posant après l'antérieur.

a) Allures diagonales.	Pas compris entre le petit trot marché et le pas normal ;
	Pas normal ;
	Pas accélérés tendant vers l'amble ;
	Les trots décousus (allure sautée).
b) Allures latérales.	Néant.

Les 2e et 3e principes se confondent presque, et le 2e pourrait n'être qu'un corollaire du premier s'il n'y avait une différence marquée entre l'étude des bases, au point de vue de l'espace, et leur étude, au point de vue du temps.

DEUXIÈME PARTIE

TRAVAIL A PIED

Le travail à pied comprend l'ensemble des procédés permettant d'une façon très efficace d'apprivoiser le cheval, de lui démontrer l'inanité de toute résistance aux indications du cavalier, et de le préparer à son rôle de monture.

Ce travail, bien mené, fait comprendre au cheval que sa soumission aux aides est l'unique moyen de recouvrer, au moins momentanément, repos et bien-être.

La difficulté, pour le cavalier, est de se faire comprendre du cheval, en se servant de ce que l'on est convenu d'appeler « le langage des aides ». Il y parviendra si ses demandes concordent avec les lois qui régissent la locomotion hippique et s'il sait employer, à propos et dans la mesure nécessaire, les effets douloureux et les récompenses, choisis, les uns et les autres, dans un registre de nuances, aussi étendu que possible.

Le cavalier se servira, comme intermédiaire de sa

volonté, d'instruments de douleur qui se nomment caveçon, bride, cravache, mais il emploiera aussi le repos, les caresses, les intonations douces et flatteuses, enfin les friandises, pour récompenser le cheval de toute marque de soumission, même s'il n'a pas très bien rempli ses intentions.

Le dresseur à pied doit s'observer avec soin, car ses gestes, paroles et actes, donnent matière, de la part du cheval, à une interprétation très nette!

On voit parfois un cheval exécuter tout le contraire de ce que nous voulions lui demander et, pourtant, il nous semble que nous avons employé, cette fois comme d'habitude, les aides auxquelles il s'est déjà soumis. Neuf fois sur dix, nous avons eu un geste involontaire par distraction, ou bien, parce qu'un objet, ou une personne étrangère, ont appelé notre attention; mais le cheval, lui, n'a pas cessé d'être attentif, et il a interprété notre mouvement inconscient, au mieux des circonstances.

Par exemple, tenant la pointe de la cravache à la hauteur du flanc pour faire avancer le cheval, un ami entre dans le manège; on le salue, en portant la main droite, qui tient toujours la cravache, à la coiffure.

Le cheval voit cette cravache s'élever, tout d'un coup, la pointe en l'air. Mettons-nous à sa place. Si ce mouvement de cravache a été employé antérieurement pour provoquer le reculer, le cheval reculera. Et nous le punirions par des coups au moment où il croit obéir à un geste voulu! La morale de ceci est qu'avant de fustiger un cheval pour mauvaise volonté ou tentative de désobéissance, il convient de faire soi-même un rapide examen de conscience, afin de bien discerner lequel des deux a eu tort, du cavalier ou du cheval.

Le travail à pied se divise en deux séries d'exercices distincts : le travail à la longe et le travail à la cravache.

On emploie le travail à la longe pour débourrer le jeune cheval, ou pour faire dépenser son excès d'énergie à un cheval fait que l'on ne peut monter ou qu'une raison quelconque empêche de faire travailler plus utilement.

On se sert avantageusement de la longe et du caveçon pour donner au cheval l'éducation du saut.

Le travail à la cravache, qui comporte, outre la cravache, l'emploi du mors de bride et du mors de filet, est, avant tout, un travail de mise en main, de légèreté parfaite, à l'allure du pas lent.

Dans ce travail, les rênes agissent, à peu de chose près, comme si le cavalier était en selle.

La cravache prépare l'action de la jambe de l'homme, en actionnant le corps du cheval aux endroits convenables.

CHAPITRE PREMIER

TRAVAIL A LA LONGE

Le travail à la longe n'est pas indispensable, mais il est utile en bien des circonstances.

A la longe, le cheval dépense son ardeur, s'assouplit, se baisse, suivant l'expression consacrée, devient plus agréable pour les cavaliers peu soucieux d'affronter les bonds joyeux d'un cheval jeune et bien portant.

Le dresseur trouve, dans les exercices à la longe en cercle, l'occasion d'agir sur le moral du cheval.

Là, comme dans tout le travail à pied, il faut que l'animal obéisse aux indications de son maître, fasse preuve, en un mot, de discipline.

Nous ne nous arrêterons pas à décrire le caveçon. Disons seulement que la corde du caveçon, devant être maniée à la façon des rênes de bride, autrement dit, avec délicatesse et à propos, cette corde ne doit pas imprimer, par son poids, des secousses douloureuses et intempestives. Elle sera donc juste assez forte pour résister aux écarts du cheval.

Progression des exercices à la longe.

Notre progression des exercices à la longe vise le débourrage d'un jeune cheval absolument neuf.

1er *exercice : Marche, au pas, du cheval tenu de près ; arrêter, repartir.* — Le cheval étant pourvu du caveçon, le cavalier se place à sa gauche, passe la corde enroulée dans la main gauche et saisit cette corde avec la main droite à 0m,50 environ de l'anneau.

Le cavalier provoque, à la voix ou au geste, la marche, au pas, en cercle à gauche, et accompagne le cheval en se tenant à hauteur de son épaule gauche. Si le cheval manifeste l'intention de jeter sa croupe à gauche pour atteindre le cavalier, celui-ci attire la tête à lui et paralyse ainsi l'attaque.

Pour arrêter, le cavalier dit : Ho.....là, en baissant le ton sur la seconde syllabe, et il assure, s'il le faut, l'exécution de son ordre en rapprochant la main droite de l'anneau et en tirant sur lui de haut en bas. Le cheval ayant obéi, on le caresse.

Le départ au pas et l'arrêt sont demandés en des points variés du cercle, et tous les 15 ou 20 pas.

Ce travail est fait ensuite à main droite, le cavalier tenant la corde du caveçon à l'inverse du travail à main gauche.

2e *exercice : Marche, au pas, sur un grand cercle.* — Le cavalier ayant obtenu que son cheval tenu de près avance tranquillement au pas, allonge peu à peu la corde en continuant lui-même à marcher, mais de plus en plus doucement, de façon à se tenir toujours un peu en arrière du cheval, sur un cercle de plus en plus petit.

Le commandement pour arrêter est le même que précédemment.

Si le cheval ne s'y conforme pas, le cavalier raccourcit progressivement la corde, en marchant vers le cheval, et renouvelle son ordre jusqu'à ce qu'il soit exécuté.

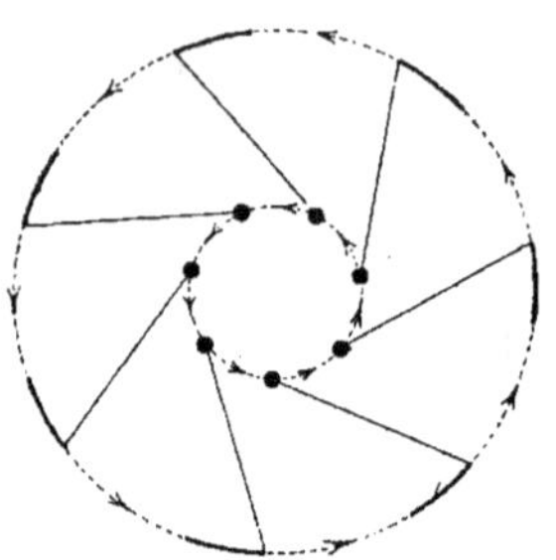

Le cheval, à bout de longe, s'étant arrêté au commandement, le cavalier l'habitue à venir vers lui, à la voix. Si le cheval résiste, on l'attire doucement avec la longe et, dès qu'il est au centre du cercle, on le caresse.

3e *exercice : Marcher aux trois allures ; changer de main sur le cercle.* — Le cheval étant confirmé dans la marche au pas calme, dans les arrêts, les départs au pas et la venue au centre du cercle, le cavalier, ayant la cravache dans la main qui ne tient pas la corde, excite le cheval de la voix et de la cravache pour qu'il accélère sa marche et prenne le trot.

Les accélérations et les ralentissements du trot s'obtiennent, comme s'il s'agissait du départ au pas ou de l'arrêt, en nuançant de la façon la plus convenable les effets de voix et de geste.

Le départ au galop, par accélération du trot, et le retour à l'allure du trot, découlent des mêmes procédés.

On apprend au cheval à changer de main, au pas d'abord, puis au petit trot, de la manière suivante :

Le cheval étant au pas, à main gauche par exemple, la longe tenue dans la main gauche, par conséquent, et la cravache dans la main droite, le cavalier commence par faire passer doucement sa cravache dans la main gauche, la pointe dirigée vers le sol, en même temps qu'il saisit la longe avec la main droite. Il fait ensuite une retraite de corps, en reculant un peu et en attirant à lui le nez du cheval, puis il lève la cravache, de la main gauche, pour inviter le cheval à marcher du côté opposé.

Après quelques essais, le cheval comprend fort bien ce jeu de longe et de cravache et s'y soumet.

Il n'est pas utile de demander des changements de main sur le cercle, à une allure rapide. Le cheval que nous dressons à la longe n'est pas destiné au cirque et nous avons intérêt à ménager ses membres.

Observations sur le travail à la longe.

Il ne faut pas que le travail à la longe soit un travail de fatigue et d'éreintement.

On doit faire varier les allures et revenir fréquemment au pas.

Pour que ce travail ne rebute pas le cheval et soit vraiment fructueux, le caveçon ne doit causer de douleur au cheval que s'il tire. Quand la tête du cheval est liante à la longe, celle-ci forme feston. Les actions de la main, pour diminuer le rayon du cercle décrit par le cheval, se feront principalement à l'instant où l'antérieur le plus éloigné du centre prendra terre.

Par exemple, le cheval étant à main gauche, l'action de la main s'exercera au moment de l'appui de l'antérieur droit. L'antérieur gauche se déplacera alors très facilement vers l'intérieur du cercle. Jamais le cavalier ne donnera de saccade au caveçon.

Si le cheval tire, recule, bondit, se sauve, résiste en un mot, le cavalier tend la longe et fait une opposition égale, mais non supérieure, en se servant, s'il le faut, des deux mains.

Il faut compter beaucoup plus sur la lassitude que sur les moyens violents pour réduire le cheval et l'amener à récipiscence.

Dès que le cheval montre du bon vouloir, la tension de la longe cesse et les caresses remplacent la douleur.

En agissant ainsi, on moralise le cheval et l'on se prépare une monture douce, confiante, disciplinée.

CHAPITRE II

TRAVAIL A LA CRAVACHE

Le capitaine Raabe, un des premiers, a fait un usage méthodique de la cravache pour dresser le cheval, le cavalier étant à pied.

Le travail à la cravache, sagement conduit, procure au dresseur une grande finesse de main, lui apprend à manier le cheval dans tous les sens et rend l'animal absolument confiant et souple.

Ajoutons enfin que le travail à la cravache supprime les nombreuses tortures infligées au cheval, sous la forme de flexions variées.

Le cheval dont les mâchoires sont décontractées laisse manier sa tête dans tous les sens, au gré de son cavalier, pourvu que celui-ci agisse avec douceur et veille à maintenir la souplesse acquise de l'encolure.

De la bride, de la cravache et leurs effets. — Le meilleur mors de bride est le plus doux ; mais, pour que les actions des mors soient nettes, il est bon que son canon soit rigide et non articulé à la façon des pelams.

Le mors dit *allemand*, en usage depuis peu dans notre cavalerie, paraît remplir les conditions désirables.

Tous les mors de filet conviennent, sous la réserve que l'anneau ne puisse, dans aucun cas, pénétrer dans la bouche du cheval. Le mors de filet, système Baucher, nous semble, à cet égard, parfait.

Le mors de bride agit à la façon d'un levier, dont le point d'appui est à la gourmette s'appliquant sur la barbe, la puissance, à l'anneau de la branche inférieure, et la résistance à vaincre, les barres du cheval.

L'action du mors de bride a pour effet d'ouvrir la mâchoire et de rapprocher le menton du poitrail en l'abaissant. Ce mors est un abaisseur de la tête et de l'encolure.

Le mors de filet, au contraire, agit sur la commissure des lèvres et tend à relever la tête ainsi que l'encolure. En outre, une seule rêne de filet, lorsqu'elle s'ouvre, attire la tête du cheval latéralement. Le mors de filet est donc un releveur et un indicateur.

Indépendamment de l'action directe du canon du mors de bride sur les barres, il y a l'effet produit, sur une seule barre, par la traction isolée d'une rêne de bride. Dans ce cas, le nez du cheval est attiré en bas et latéralement.

Si une rêne de bride prédomine, tandis que l'autre soutient, accompagne et règle l'action de la première, on obtient un effet d'abaissement et de pli, gradué.

La cravache, dont la longueur varie de $0^{m},90$ à $1^{m},25$, est appliquée : au flanc, pour inviter le cheval à la marche en avant ou de côté ; au passage des sangles, immédiatement en arrière du coude, comme indication de l'arrêt ; sur la croupe, lorsqu'il s'agit de provoquer le reculer, ou encore, la cadence.

Enfin, dans certains cas, la cravache, frappant légèrement la région du rein, amène la décontraction de la mâchoire et de l'encolure.

Tenue des rênes et de la cravache.

Le cheval étant bridé et arrêté à main gauche, la tête tournée vers la porte du manège, le cavalier se place un peu en arrière de la tête, fait face à l'épaule gauche, puis saisit les rênes et la cravache de la manière suivante :

La rêne gauche de filet, tenue entre le pouce et le premier doigt, l'ongle du pouce à deux ou trois centimètres de l'anneau du mors de filet.

La rêne gauche de bride, entre le deuxième et le troisième doigt, de façon à être légèrement tendue.

La rêne droite de bride, passée par-dessus l'encolure, est saisie entre le pouce et le premier doigt de la main droite, à hauteur du milieu de l'épaule gauche du cheval.

La cravache, dont la pointe est dirigée vers le flanc gauche du cheval, est embrassée, près du pommeau, par les trois derniers doigts de la main droite.

Dans les commencements, il peut être utile de se servir de la rêne droite de filet. On passe alors celle-ci entre le pouce et le premier doigt de la main droite, tandis que la rêne droite de bride est maintenue entre le premier et le deuxième doigt.

Effets des rênes et de la cravache.

Cette tenue des rênes permet d'obtenir, à pied, les attitudes de tête et d'encolure que le cavalier devra provoquer plus tard, à cheval, sous les noms d'effet latéral, d'effet diagonal, d'effet d'ensemble.

Ces effets demandent quelques explications.

Effet latéral. — Supposons le cheval en place au milieu du manège, le cavalier tenant les rênes comme il est indiqué plus haut.

Si l'on attire la tête du cheval franchement à gauche au moyen de la rêne gauche de filet, on voit la croupe fuir à droite. Que s'est-il produit ?

En déplaçant la tête et l'encolure vers la gauche, le cavalier a surchargé le membre antérieur gauche.

Le membre antérieur droit, moins chargé, est donc prêt à se mouvoir en avant.

D'autre part, la colonne vertébrale étant flexible depuis la première vertèbre cervicale (près de la tête) jusqu'à la dernière vertèbre dorsale, mais non indéfiniment, à cause des apophyses transverses qui viennent se toucher lorsque la flexion latérale est considérable, il en résulte que toute flexion latérale exagérée de l'encolure provoque une gêne à laquelle le cheval se soustrait en replaçant, de lui-même, les vertèbres en ligne droite, par un déplacement de croupe en sens inverse de la flexion imposée à l'encolure.

On dit alors communément que l'on oppose les épaules aux hanches. Cette locution est vicieuse. Dans le cas présent, le cavalier a opposé l'épaule gauche à la hanche gauche. Il a immobilisé le membre antérieur gauche, et celui-ci a servi de pivot à une rotation de la croupe vers la droite.

Le mouvement a commencé par l'antérieur droit suivi du postérieur gauche, lequel a chevauché en avant du postérieur droit pour prendre terre à droite de lui, puis le postérieur droit s'est déplacé à son tour vers la droite, et le mouvement a pu se continuer ainsi jusqu'à ce que le cheval ait retrouvé une attitude qui ne le gêne pas.

L'effet latéral sera employé, au cours du dressage, pour aider la cravache et, plus tard, la jambe, à faire fuir la coupe. Mais un tel effet ne peut être que momentané, transitoire, car il agit par contrainte et nécessite un déplacement très marqué de l'encolure.

Cet effet trouvera encore son emploi lorsqu'il s'agira de vaincre une résistance dans le sens latéral.

Que le cheval appuie la croupe du côté où se fait sentir la cravache, ou, ce qui revient au même, *force la jambe* de l'homme à cheval, l'opposition de l'épaule à la hanche qui résiste remettra le cheval droit.

Supposons encore un cheval se jetant à gauche en commençant par l'avant-main, ce qu'on appelle faire un écart, l'effet latéral droit (rène droite très ouverte et jambe [ou cravache] au flanc droit) mobilisera la croupe et cet effet persistera aussi longtemps que le cheval restera contracturé. Dès que la souplesse de l'encolure succédera à la raideur, le cavalier replacera sa monture dans la direction primitive, au moyen des aides habituels.

En principe, quand un cheval se défend par malice ou méchanceté, il faut vaincre sa résistance sans s'occuper du lieu ; c'est seulement après soumission bien constatée que le cheval est replacé à l'endroit qu'il a volontairement quitté.

A l'exception de la ruade, toutes les défenses du cheval ont leur point d'appui dans l'arrière-main.

La mobilité en quelque sorte forcée de l'arrière-main fait évanouir les défenses sérieuses, et l'effet latéral est, à cet égard, le plus efficace de beaucoup.

Effet diagonal. — Le cavalier, qui exerce une traction sur la rêne droite de bride dans le sens de *l'épaule droite* à la hanche gauche, exécute *l'effet diagonal droit.*

Pour être complet, cet effet doit être accompagné d'un jeu de cravache, ou de jambe, au flanc gauche, qui empêche le cheval de reculer.

L'effet diagonal droit fait tourner la tête à droite autour des premières vertèbres cervicales et rapproche le nez de la pointe de l'épaule droite. Dans ce mouvement, l'encolure se déplace très peu à droite, mais elle s'incurve de façon à présenter sa convexité à gauche.

Il en résulte que le centre commun de gravité de la tête et de l'encolure se déplace vers la gauche et, par conséquent, surcharge le membre antérieur gauche.

Tout membre surchargé aux dépens des autres est moins apte qu'eux à se lever, mais, par contre, peut plus facilement servir de pivot aux rotations du corps.

Le cheval soumis à l'effet diagonal droit entamera la marche en avant ou en arrière par l'antérieur droit. Ce même cheval, dans les mêmes conditions, pivotera sur l'antérieur gauche si les hanches sont poussées vers la droite.

En résumé, l'effet diagonal droit correspond, comme déplacement de poids, à l'effet latéral gauche, mais il est moins excessif et se prête mieux aux nuances.

En outre, il suppose un cheval obéissant et, dans une certaine mesure, assoupli.

C'est par des effets diagonaux que l'écuyer dirige son cheval, non sans recourir, simultanément, quand il le faut, à des effets latéraux gradués.

Par exemple: dans un changement de main diagonal de gauche à droite, en avançant, l'effet diagonal droit place le bout du nez du cheval dans le sens du mouvement, mais l'effet latéral gauche vient au secours de la jambe gauche et empêche que l'exagération du pli à droite, dérivant de l'emploi exclusif de la rêne droite de bride, n'incurve trop l'encolure et ne surcharge l'antérieur gauche, au point de nuire à l'harmonie de la progression.

Effet d'ensemble. — On entend par effet d'ensemble l'action simultanée de la cravache (ou des jambes du cavalier) et du mors appuyant également sur les deux barres, action qui ramène la tête, roue l'encolure et place le cheval sous la domination de son maître.

L'effet d'ensemble peut être comparé au « garde à vous » des exercices militaires. De même que la position et l'immobilité d'une troupe ne sauraient être conservées longtemps dans toute leur rigueur, de même aussi, l'effet d'ensemble hippique ne doit pas avoir une longue durée.

A l'immobilité voulue et imposée, doit bientôt succéder le repos, non un repos, ou même un demi-repos, escamoté par le sujet, mais un vrai repos, librement et sciemment octroyé par le cavalier.

Pour le cheval, le repos consiste dans la descente de main, les rênes abandonnées.

La sensation du poids des rênes jetées ainsi sur la crinière indique au cheval qu'il peut allonger son encolure et baisser sa tête jusqu'à terre sans avoir à redouter une impression douloureuse sur les barres.

Progression des exercices à la cravache.

Les exercices à la cravache, le cavalier tenant les rênes de bride et de filet comme il a été indiqué précédemment, sont faits, pour la plupart, sur la piste, à main gauche.

Le travail de deux pistes peut être demandé aux deux mains, sur un grand côté, ou bien, dans l'intérieur du manège.

Les pirouettes renversées (conversions sur les épaules) veulent être travaillées en dehors de la piste.

Ces exercices, au nombre de huit, seront utilement enseignés au cheval, à raison de dix ou quinze minutes par séance, soit avant, soit après un exercice à la longe, ou mieux, à la suite d'une promenade dans le manège.

Le cavalier aura soin de se munir de friandises, telles que sucre, pain, avoine, carottes, etc....., afin de pouvoir récompenser le cheval après tout exercice bien fait.

On se souviendra qu'en fait de dressage du cheval, le plus sûr moyen d'aller vite est de procéder lentement.

Il faudra également avoir toujours présent à l'esprit cet axiome équestre que toute saccade ou action violente sur la bouche du cheval arrête pour longtemps tout progrès, rend l'animal craintif, méfiant, et le prédispose à se camper, afin de pouvoir lutter avec son arrière-main contre la main brutale du cavalier.

Soyez sévère, à pied, avec la cravache et, plus tard, à cheval, avec les jambes et les éperons, si c'est indispensable, mais que votre main soit toujours entourée du gant de velours, traditionnel chez les gouvernants bien avisés.

De même que le soldat aime et respecte le chef exigeant à la manœuvre et dans le service, pourvu qu'il soit bon, humain, et soucieux du bien-être de ses hommes, de même aussi, le cheval s'attache à son maître, si sévère qu'il soit dans le travail, lorsqu'il reçoit de lui la juste récompense de ses efforts et qu'en dehors du travail il est traité par lui avec douceur.

EXERCICE N° 1.

Marche lente au pas. — Arrêter; repartir.

Le cheval bridé ayant été amené sur la piste à main gauche, le cavalier saisit les rênes et la cravache, de la façon indiquée plus haut, puis il attire avec la rêne gauche de filet la tête du cheval en avant, pendant qu'il frappe de légers coups de cravache sur le flanc, loin du passage des sangles.

Le cavalier a soin de reculer à petits pas pour inviter le cheval à suivre son mouvement.

Dès que le cheval s'est porté en avant, la cravache cesse son action.

Les rênes de bride exercent ensuite, s'il y a lieu, une légère traction, pour amener le cheval à marcher lentement, comme à pas comptés. Si le cheval hésite ou se ralentit trop, la rêne gauche de filet est tirée en avant et la cravache frappe, encore une fois, à petits coups jusqu'à parfaite obéissance.

Lorsque le cavalier veut arrêter son cheval, il se laisse un peu dépasser par lui, de façon à se trouver à hauteur de l'épaule, puis il exerce une traction légère et égale sur les deux rênes de bride, en même temps qu'il serre fortement la partie moyenne de la cravache contre le thorax, à hauteur du passage des sangles.

A cette action, dont l'effet physiologique est infaillible, le cheval fixe ses pieds antérieurs sur le sol et s'arrête. Aussitôt, les rênes sont jetées sur l'encolure, mais, par mesure de précaution, la main gauche continue à tenir la rêne gauche de filet. Si, à ce moment, le cheval baisse la tête en affaissant son encolure, on le flatte, on le caresse, et on laisse glisser la rêne gauche de filet de la quantité nécessaire.

Pour reprendre la marche, mêmes dispositions qu'au premier départ.

No 1.

Descente de main et d'encolure.

No 2.

Flexion latérale d'encolure.

EXERCICE N° 2.

Effet d'ensemble, en place; repos (descente de main). — Flexions d'encolure.

L'*effet d'ensemble* est produit par une traction égale et progressive des deux rênes de bride, d'avant en arrière, accompagnée de légers coups de cravache, répétés, au flanc ou sur les reins.

On commence par l'action de la cravache au flanc.

Le cheval se dispose alors à entamer la marche, mais la tension des rênes de bride paralyse le départ. A ce moment, le cheval neuf ne sait pas ce qu'on veut de lui. Parfois, il se tracasse, jette sa croupe à gauche, rue à la botte, ou recule. Le cavalier doit paralyser les défenses, sagement, en faisant des oppositions, toujours égales, jamais supérieures à la résistance.

Enfin, le cheval s'émotionne, s'ébroue, frappe du pied, et pendant ce temps, la cravache continue à frapper légèrement le flanc, à intervalles très rapprochés. Il vient un moment où la bouche se décontracte. A l'instant, le cavalier, prompt comme l'éclair, cesse toute action de main et de cravache et prodigue les caresses à son cheval.

Celui-ci, généralement alors, fait un affaissement d'encolure ; mais, si l'affaissement n'a pas lieu, le cavalier le provoque en pesant sur la têtière par l'intermédiaire de la rêne gauche de filet. (Voir 1re photographie, après la page 88.)

Le cheval, une fois décontracté, reste un instant comme pensif, puis il exhale un long et profond soupir (1). Allons ! le chagrin est passé, nous pouvons recommencer ; on ne nous tiendra pas rigueur des coups de cravache et de la douleur occasionnée par le mors.

A la seconde reprise de l'effet d'ensemble, le cheval a généralement compris. Dès que la cravache, agissant concurremment avec les rênes, se fait sentir au flanc, le cheval ouvre la bouche et mâche son mors. On lui accorde instantanément le repos qu'il mérite et l'on provoque l'affaissement de son encolure, qui correspond à ce que l'on est convenu d'appeler « descente de main ».

Le plus souvent, la décontraction des mâchoires est instantanée. Les doigts qui tiennent les rênes ne sentent plus rien et l'oreille perçoit un bruit analogue à celui d'un déclic de treuil.

Lorsque le cheval a donné ainsi plusieurs décontractions de mâchoires, on ne lui accorde plus, à chaque fois, une descente de main complète. Les mains rendent un peu, en même temps que la cravache cesse de frapper, puis elles reprennent très légèrement. Si la décontraction persiste, on récompense le cheval par une descente de main. Si, au contraire, les mâchoires se ferment et résistent, la cravache reprend son action jusqu'à ce qu'une nouvelle mise en main se produise.

---

(1) Ce soupir caractéristique mérite qu'on y fasse attention. Il est comme l'expression d'un chagrin et d'une gêne qui s'en vont, pour faire place à l'oubli des ennuis antérieurs, au calme et à la tranquillité.

Le travail qui précède est délicat. On ne doit pas l'exiger longtemps, surtout au début, et il est bon de l'entrecouper, à de courts intervalles, par quelques pas de marche, l'encolure libre.

La mise en main une fois obtenue en place, le cavalier demande la flexion d'encolure à droite (à gauche) par une tension plus forte de la rêne droite de bride (ou de la rêne gauche), dans le sens diagonal.

Si, pendant la flexion, la bouche se contracte, la cravache, au flanc, vient rappeler au cheval qu'il ne tient plus ses engagements. Il est rare alors que la décontraction se fasse beaucoup attendre. (Voir 2e photographie, après la page 88.)

La tête et l'encolure sont ramenées à la position directe par le jeu de rênes nécessaire et non de par la volonté du cheval.

Toute flexion d'encolure peut être exigée, en moyenne, pendant 5 à 10 secondes ; elle est suivie d'une descente de main.

La descente de main, accompagnée de l'affaissement d'encolure, est, pour le cheval, ce qu'est le commandement *Repos*, pour le soldat sous les armes.

Certains chevaux décontractent difficilement leur bouche, sous l'action de la cravache au flanc.

On a recours alors à de légers coups de cravache sur les reins, région plus sensible que le flanc, plus rapprochée aussi de la gaine des filets nerveux qui a nom épine dorsale, et, par conséquent, mieux placée pour transmettre au cerveau le spasme avant-coureur de la décontracture générale.

EXERCICE N° 3.

Marche lente dans la mise en main. — Repos en marchant (descente de main). — Demi-flexion d'encolure (pli ou placer) en marchant.

Le cheval sachant obéir, de pied ferme, à l'effet d'ensemble, on l'habitue à mâcher son mors, indice visible de décontracture et, par conséquent, de légèreté, pendant qu'il avance au pas.

Le départ est demandé comme à l'exercice n° 1, sans mise en main. Ce n'est qu'après quelques pas que les rênes de bride se tendent et que la cravache agit, soit au flanc, soit sur les reins, pour provoquer la décontraction des mâchoires. (Voir 1re photographie, après la page 96.)

Dans les commencements, toute mise en main, en marchant, est suivie d'une descente de main complète. Le cavalier, une fois la descente de main faite, encourage le cheval à baisser la tête jusqu'à frôler le sol avec son nez.

Plus tard, lorsque le cheval mâche son mors à la suite d'un court effet d'ensemble, le cavalier ne rend pas complètement après chaque mise en main.

Il exige la conservation de la mise en main, en s'aidant au besoin de la cravache, pendant 3, 4, 5, 10 pas, puis il accorde un repos (descente de main, descente d'encolure).

Le cheval marchant dans la mise en main est dit « ramené » ou « mis ».

Lorsque le cheval est susceptible de conserver la

mise en main en marchant, pendant dix ou douze pas, sans fatigue exagérée, on lui demande le pli à droite, puis à gauche, au moyen d'un effet de rêne droite ou de rêne gauche de bride dans le sens diagonal.

Ainsi, pour obtenir le pli à droite, la rêne droite de bride, qui passe sur la crinière à 10 ou 15 centimètres du garrot, est tirée légèrement par la main droite agissant de haut en bas.

Pendant la demi-flexion, toute résistance de la bouche est combattue par la cravache au flanc.

Au besoin, on limite le mouvement de la tête en se servant, dans la mesure convenable, de la rêne d'opposition.

Le cheval devant avoir l'œil sur le terrain à parcourir et, d'autre part, la flexion complète d'encolure ayant pour effet de surcharger considérablement le membre antérieur opposé au sens de la flexion, il ne faut jamais demander une flexion d'encolure complète, en marchant.

EXERCICE N° 4.

Reculer, arrêter, avancer, dans la mise en main.

Le *reculer* est très facile au cheval décontracturé, pourvu que son arrière-main ne soit pas trop engagé.

Sil e cheval se trouve momentanément dans la position rassemblée, il convient de l'étendre, du devant, avant de lui demander de reculer.

Sans cette précaution, le cheval, acculé, pourrait se cabrer.

Un cheval, en position régulière et dans la mise en main, recule par diagonaux simultanés.

Le cheval campé commence son reculer par les membres antérieurs. Au contraire, le cheval rassemblé recule d'abord ses postérieurs, ou avance ses antérieurs, avant d'entamer le véritable reculer.

Le cheval dont la tête est haute recule comme s'il était campé ; celui dont la tête est basse, comme s'il était rassemblé.

Le reculer régulier est demandé par un effet d'ensemble (avec cravache sur la croupe) un peu supérieur à celui qui a procuré la mise en main préalable.

Si, avant le départ rétrograde, le membre antérieur droit, par exemple, est en avant du gauche, la cravache frappe de légers coups sur la hanche gauche (en diagonale) et la rêne droite est tendue un peu plus fortement que l'autre. La position inverse des antérieurs indiquerait un jeu inverse de la cravache et des rênes.

La position d'un postérieur en avant de son congénère indique également que la hanche du postérieur le plus avancé recevra l'action de la cravache et que la rêne de bride de l'antérieur, en diagonale, doit se tendre davantage.

Si les pieds sont, deux par deux, sur la même ligne, on choisit indifféremment la hanche à faire lever la première, en la comprenant dans un effet diagonal des rênes et de la cravache, frappant la croupe du côté de la hanche à soulever.

Une fois le reculer commencé, les rênes de bride sont tirées également mais moelleusement, et la cravache frappe d'un coup léger la hanche du côté où pose l'antérieur. Ce jeu de cravache découle du mécanisme. En effet, au moment où l'antérieur droit, par exemple, prend terre, dans le reculer, en arrière de l'antérieur gauche, le postérieur droit, qui est à la fin de son appui, est disposé pour le lever, donc prêt à exécuter l'ordre indiqué par le coup de cravache. (Voir 2e photographie, après la page 96.)

Pour faire cesser le reculer, le cavalier diminue l'action des rênes et porte la cravache au flanc, à moitié distance environ du coude et de la rotule. Il tient ensuite le cheval, pendant quelques instants, dans la mise en main, en place, puis il lui accorde un repos.

Après quelques exercices de reculer, le cheval, dès qu'il voit la cravache se diriger vers sa croupe et le cavalier se pencher en avant, recule sans même attendre l'action des rênes. Cette bonne volonté mérite d'être encouragée; aussi le cavalier devra-t-il diminuer de plus en plus ses actions, soit pour le recul, soit pour l'arrêt, soit pour la reprise de la marche en avant.

Il est bon que le cavalier marche au pas des antérieurs du cheval, pendant le reculer, savoir, son pied gauche posant en même temps que le pied droit du cheval, et inversement. En agissant ainsi, on provoque un lever plus facile des antérieurs.

Avec un peu d'habitude et de tact, le cavalier, ne tenant plus son cheval qu'avec la rêne gauche de filet, provoque le reculer, puis, sans transition, la marche en avant, par le seul geste de la cravache et l'inclinaison de son corps en avant et en arrière. On arrive même, en procédant ainsi, à faire reculer un diagonal puis à le porter en avant et à renouveler, plusieurs fois de suite, cette mobilisation partielle, dans le calme le plus parfait.

EXERCICE N° 5.

Marcher de deux pistes, dans la mise en main, diagonalement, et latéralement.

On dit que le cheval *marche de deux pistes* quand ses pieds postérieurs, ne venant plus poser sur les lignes des pistes antérieures, ainsi qu'ils font dans la marche directe, forment des pistes distinctes.

Le travail de deux pistes correspond aux divers « mouvements d'appuyer » nommés aussi « pas de côté ».

Parmi ces mouvements, les plus usités sont le changement de main diagonal en tenant les hanches, et le changement de main latéral en tenant les hanches.

Pour l'exécution du changement de main diagonal en tenant les hanches, le cheval est placé, à main droite, vers l'extrémité d'un grand côté.

Alors le cavalier, qui tient les rênes et la cravache, ainsi qu'il a été montré aux exercices précédents, fait avancer son cheval, puis lui donne le pli à droite, en ayant soin de soutenir de la rêne gauche, et pousse la croupe vers la droite, au moyen de la cravache qui frappe ou presse le flanc gauche, loin des sangles, chaque fois que l'antérieur gauche prend terre.

N° 3.

Marche lente dans la mise en main.

No 4.

Reculer.

On ne peut pas donner d'indications précises sur le degré de puissance à développer, soit avec les mains, soit avec la cravache, pour obtenir que le cheval progresse diagonalement en tenant les hanches, d'une façon absolument correcte.

Tantôt, il faudra exagérer momentanément le pli, tantôt recourir à l'effet latéral gauche, tantôt activer fortement la hanche gauche, tantôt cesser tout effet de cravache. On doit agir selon ce qui se produit, les rênes et la cravache jouant un rôle d'encadrement et de propulsion. (Voir 1re photographie, après la page 104.)

Autant que possible, le cheval doit conserver la mise en main, pendant son mouvement d'appuyer, rester liant, marcher lentement, à pas comptés, en « s'écoutant marcher », suivant l'expression consacrée.

Ses épaules doivent précéder très légèrement ses hanches, et son corps doit rester à peu près parallèle aux grands côtés du manège.

Dans un changement de main diagonal en tenant les hanches, le trajet, dans le sens direct, doit être au moins le double du trajet, dans le sens latéral, afin que les genoux ne s'entrechoquent pas.

Le jeu des aides, pour le changement de main latéral en tenant les hanches, est semblable à celui qu'exige le changement de main diagonal, mais l'axe formé par le corps du cheval doit faire avec la ligne latérale du parcours un angle maximum de 45 degrés. Sans cette précaution, le cheval s'entable (1) et, dans ces condi-

(1) On dit qu'un cheval s'entable lorsque, pendant la progression

tions, ne tarde pas à refuser la continuation d'un exercice particulièrement douloureux.

Les mouvements de tête au mur (croupe en dedans) et de croupe au mur (croupe en dehors) ressortissent au changement de main latéral en tenant les hanches, et sont soumis aux mêmes règles, surtout en ce qui concerne le degré d'obliquité du corps.

On entend dire souvent par des hommes de cheval que les mouvements d'appuyer, ou pas de côté, ne doivent être demandés qu'avec la plus extrême circonspection, de peur de rendre le cheval rétif.

Sans doute, les écuyers qui ont constaté le danger qu'offre le travail de deux pistes, au point de vue du caractère du cheval, ont tenu compte des souffrances qu'éprouve cet animal lorsqu'il s'entrechoque genoux et boulets sous un cavalier ignorant qui le force à appuyer, latéralement, à angle droit. mais cet inconvénient peut être facilement évité.

EXERCICE N° 6.

Pirouettes renversées (conversion sur les épaules).

On appelle *pirouette renversée* (conversion sur les épaules) une conversion complète, à pivot fixe, qu'exécute le corps du cheval autour d'un membre antérieur.

---

latérale, le membre antérieur qui doit croiser l'autre lui fait une atteinte.

Dans la pirouette renversée à droite, l'antérieur gauche sert de pivot, et l'antérieur droit converse autour de lui, en avançant, pendant que les postérieurs décrivent, de gauche à droite, une circonférence.

La pirouette renversée à gauche a pour pivot l'antérieur droit.

L'attitude du cheval, pendant la pirouette renversée, indique le jeu des aides.

S'il s'agit de la pirouette renversée à droite, l'effet diagonal droit des rênes de bride surcharge le pivot (antérieur gauche), en donnant le pli à droite, et la cravache actionne le flanc gauche, pour pousser la croupe circulairement à droite. Par analogie avec le jeu de cravache usité dans le travail de deux pistes, l'action de propulsion aura lieu de préférence pendant l'appui du postérieur le plus proche du cavalier.

L'exécution d'une pirouette renversée demande, de la part du cavalier, un certain tact, car il doit agir avec les rênes et la cravache suivant les circonstances, en ne perdant pas de vue, toutefois, que le cheval doit conserver la mise en main, avec un léger pli, et doit manier ses membres avec souplesse et facilité.

On n'arrive jamais, de prime abord, à fixer le pivot antérieur, mais, sous l'action juste des aides, ce membre décrit des mouvements de plus en plus restreints et finit par s'immobiliser.

En commençant, on ne demandera au cheval que des quarts et des demi-pirouettes renversées, et encore, un petit nombre de fois, parce que ce travail lui est pénible, comme tous les mouvements sur place.

Quand le cavalier aura fait exécuter au cheval le travail de pirouette renversée à droite, en se tenant près de l'épaule gauche, il passera du côté droit de l'animal, saisira les rênes et la cravache à l'inverse de la tenue qui a été décrite pour les exercices qui précèdent, et demandera le travail de pirouette renversée à gauche.

Cependant, il n'est pas absolument nécessaire que le cavalier travaille, à pied, son cheval aux deux mains. Les exercices de travail à pied visent moins la gymnastique physique du cheval que sa soumission aux aides, et l'on constate, une fois à cheval, que le côté droit, lorsqu'il a été moins travaillé à pied que le côté gauche, est tout aussi souple, ou aussi raide, que lui, suivant que la volonté du cheval a été bien assouplie ou à peine domptée à l'aide des exercices à la cravache, faits à pied.

EXERCICE N° 7.

Pirouettes ordinaires (conversion sur les hanches).

La *pirouette ordinaire* est une conversion du corps du cheval autour d'un membre postérieur formant pivot.

Dans la pirouette à droite, le postérieur droit est pivot du mouvement, et, inversement, le postérieur gauche est pivot, dans la pirouette à gauche.

Il s'agit, pour le cavalier à pied, de faire tourner les épaules autour du postérieur le plus éloigné de lui.

Ainsi, le cavalier, placé à la gauche du cheval, lui

fera exécuter la pirouette à droite. Pour cela faire, il saisira les quatre rênes avec la main gauche, un peu en arrière de la barbe, et poussera la tête et l'encolure à droite, pendant que la cravache, appliquée au flanc gauche ou le frappant légèrement, contiendra les hanches.

Pour la pirouette à gauche, le cavalier se place à droite du cheval, tient les quatre rênes dans la main droite et se sert de la cravache avec la main gauche.

Les pirouettes ordinaires peuvent, sans grand inconvénient, n'être demandées au cheval que plus tard, lorsqu'il est monté.

Elles sont, dans tous les cas, d'une exécution moins facile pour le cheval que les pirouettes renversées, parce que l'avant-main étant plus lourd que l'arrière-main, joue plus facilement que ce dernier le rôle de pivot.

EXERCICE N° 8.

Passage. — Piaffer. — Pas espagnol.

Le *passage*, qui fait partie des airs de haute école, est un trot artificiel dont la vitesse de progression est à peu près celle du pas ralenti.

Au passage, comme au piaffer, le cheval roue son encolure, ramène sa tête près du portail, arrondit ses formes, en engageant fortement l'arrière-main, et porte la queue haute.

Les bases diagonales du passage sont plus courtes que

la distance des centres de mouvement, et, néanmoins, les battues diagonales sont synchrones.

Le beau passage est caractérisé par un long soutien et une grande élévation des pieds postérieurs engagés sous la masse.

A cette allure, le cheval semble rebondir, à chaque temps, comme une balle élastique, et pourtant ses pieds ne font aucun bruit, tant les articulations des membres jouent avec souplesse. C'est ainsi que l'on voit les boulets descendre moelleusement pendant les appuis.

Le passage est demandé au cheval travaillé à pied, lorsqu'il est déjà bien confirmé dans la mise en main, en avançant et en reculant.

Le cavalier, placé à la gauche du cheval marchant sur la piste à main gauche, dans la mise en main, actionne alternativement avec la cravache la hanche gauche et la hanche droite, en frappant, à gauche et à droite, sur la croupe, au moment de l'appui du membre antérieur, en latérale.

Tout d'abord le cheval a une tendance à accélérer l'allure du pas ou à prendre le trot.

La main fait l'opposition strictement nécessaire.

Parfois, sous l'action de la cravache sur la hanche, le cheval rue. Le cavalier ne doit pas s'en inquiéter ; c'est l'indice que la croupe se mobilise. Néanmoins, si les ruades se répètent, la cravache est appliquée sur la croupe, puis agit par coups appuyés plutôt que frappés.

En continuant ainsi, et en laissant le cheval avancer lentement au pas dans la mise en main, il arrive un moment où se produit un, deux ou trois temps de cadence.

Aussitôt le cavalier rend tout, caresse et accorde le repos jusqu'à ce que le grand soupir ait eu lieu.

On recommence ensuite.

Les premiers exercices de passage seront très courts.

Le cavalier doit moins chercher, dans les commencements, une exécution parfaite que la manifestation d'une bonne volonté qui s'essaie.

On demandera de préférence le passage, à la cravache, pendant les dernières minutes d'une leçon embrassant des exercices à cheval. Peu à peu, le cheval trouvera l'équilibre, assez difficile, qui correspond à cet air de haute école ; il se sera rendu compte aussi que ce travail précède immédiatement le retour à l'écurie. Ces circonstances réunies favoriseront beaucoup ses progrès.

Il arrive souvent que le cheval, si l'on n'y prend garde, contracte son encolure et donne un passage en apparence très brillant, parce qu'il a beaucoup de tride. On doit, chaque fois que la bouche se contracte, revenir à la mise en main et ne demander le passage qu'une fois cette condition première et essentielle de toute légèreté, bien remplie.

Le *piaffer* n'est pas autre chose qu'un « passage » dont la progression, de plus en plus lente dans le sens de la marche, est devenue nulle. (Voir 2e photographie, après la page 104.)

Le piaffer est donc le résultat d'un passage tellement ralenti comme progression, sinon comme rythme, que les pieds lèvent et posent en cadence, par bipèdes diagonaux synchrones, sans avancer.

Au piaffer ainsi qu'au passage, le cavalier parvient à donner avec sa cravache la mesure de la cadence, tantôt lente, tantôt vive, à son gré, mais dans la limite des moyens du cheval.

Le capitaine Raabe et ses élèves ont coutume d'accompagner le passage et le piaffer d'un air en deux temps, toujours le même, fredonné sur le rythme de l'allure.

Par une association d'idées fort simple, le cheval comprend que l'air en question étant inséparable de la cravache frappant sur la croupe, il y a intérêt pour lui, en vue d'éviter les coups, à se cadencer dès que le cavalier se met à fredonner sa chanson.

D'ailleurs, il est bon, à tous les exercices du travail à pied, de calmer, d'encourager ou d'exciter le cheval au moyen d'inflexions de voix convenablement modulées.

Le *pas espagnol* ou *pas de conscrit* est tout simplement un pas lent, avec extension horizontale des membres antérieurs au moment de leur soutien.

Le pas espagnol coûte au cheval si peu d'efforts et lui est inculqué avec une facilité telle, que le cavalier doit s'abstenir de lui apprendre cette « marche de parade » avant que son instruction soit complète et très solide.

Sans cette précaution, on verrait — cela a été constaté maintes fois — le cheval faire jambette, en place ou en marchant, à toute demande un peu sévère du cavalier, comme ces chiens qui vous tendent la patte lorsqu'on veut les renvoyer au chenil.

Le cheval étant arrêté sur la piste à main gauche,

on lui enseigne à marcher au pas espagnol, comme il suit :

Le cavalier n'exige plus la mise en main ; il tient les quatre rênes dans sa main gauche, placée un peu en arrière de la barbe.

La cravache frappe à petits coups sur la face postérieure du boulet de l'antérieur gauche jusqu'à ce que le membre se lève.

Dès que l'antérieur gauche est levé, la cravache va le frapper à la partie antérieure de l'avant-bras afin d'amener son extension.

Le cavalier élève en même temps la tête du cheval légèrement au moyen des rênes de filet tenues dans la main gauche.

Le cheval fait alors jambette à gauche.

Après avoir caressé son cheval et l'avoir porté de quelques pas en avant, le cavalier lui demande de nouveau jambette à gauche, puis, pendant que le membre est complètement étendu, il attire le cheval à lui par un effet de filet, et, s'il le faut, en touchant le flanc avec la cravache.

Le premier pas espagnol, ou de conscrit, est entamé. Il ne s'agit plus que d'en perfectionner l'extension.

On ne s'occupe, pendant quelque temps, que de l'antérieur gauche et, lorsqu'il fait jambette à chaque soutien, on passe à l'autre membre dont on frappe l'avant-bras droit à l'instant de la fin de son appui pour l'inviter à imiter son congénère.

Pendant la marche au pas espagnol, les actions de la cravache sur les avant-bras, près de la pointe de l'épaule, se font évidemment au moment de la fin de l'appui du membre correspondant.

En très peu d'exercices de quelques minutes, tout cheval exécute le pas espagnol d'une façon correcte.

Certains chevaux ont plus de dispositions que d'autres pour ce genre d'acrobatie. Dans tous les cas, il est rare de pouvoir obtenir le pas espagnol en conservant au cheval la mise en main. On est obligé, le plus souvent, d'élever la tête du cheval afin de décharger les épaules, et cette attitude nuit au jeu de l'arrière-main.

Aussi, voit-on communément les chevaux de cirque marcher au pas espagnol avec un enrênement qui paralyse les mouvements des postérieurs, lesquels se traînent misérablement et se maintiennent très éloignés de l'avant-main.

No 5.

Appuyer dans la mise en main

Nº 6.

Piaffer.

TROISIÈME PARTIE

TRAVAIL A CHEVAL

GÉNÉRALITÉS.

Le travail à pied ne donnerait que des résultats illusoires si le cavalier, une fois à cheval, était incapable d'obtenir de sa monture qu'elle soit souple et légère.

Entre le travail à pied et le travail à cheval, la connexité est évidente.

A l'action de la cravache succède, pour le cheval monté, l'action des jambes. Le jeu des rênes est à peu près le même, dans les deux situations, avec cette différence, à l'avantage du cavalier à cheval, que s'il possède la fixité d'assiette, ses deux mains peuvent, mieux qu'à pied, faire varier et nuancer les effets produits sur la bouche du cheval.

Au début de la deuxième partie, nous avons exposé notre opinion sur le choix du mors de bride et du mors de filet. Il ne nous reste plus qu'à indiquer sommairement nos idées sur la selle.

De la selle.

La selle est faite pour le cavalier ; elle doit donc varier avec la conformation et la position de celui qui en fera usage.

Il faut que les genoux du cavalier trouvent en avant d'eux, sur la selle, un bourrelet susceptible de leur donner un point d'appui en cas de ruades, de bonds, etc.; de même, le troussequin sera élevé juste assez pour empêcher l'assiette de glisser en arrière, hors de la selle, si le cheval fait une pointe. La longueur des quartiers dépend de la longueur des jambes de l'homme ; elle doit permettre aux mollets de sentir directement les flancs du cheval. La selle sera longue en proportion de la corpulence du cavalier.

En moyenne, une longueur de selle de 0m,40 paraît suffisante.

La selle doit favoriser l'enveloppement du cheval par les jambes et non rejeter l'assiette en arrière, auquel cas les jambes du cavalier se porteraient en avant.

Si le cavalier est incliné en arrière avec jambes en avant, il est dans l'impossibilité de se redresser à temps lorsque le cheval se cabre.

Il faut que la selle favorise une position du corps et des jambes du cavalier, telle que celui-ci puisse faire refluer instantanément son centre de gravité dans un sens quelconque, aussi bien en avant qu'en arrière, à droite qu'à gauche.

Position du cavalier.

On conçoit que les instructeurs recommandent aux commençants de porter le haut du corps en arrière, aux allures sautées.

En se conformant à ce conseil, l'apprenti cavalier décompose les réactions du trot en deux composantes, l'une horizontale, l'autre suivant l'axe de son corps, et diminue ainsi sa propre période de suspension ; mais, lorsque les muscles lombaires et de l'abdomen ont été assouplis et ont acquis la coordination de mouvements désirable, le cavalier se lie aux actions du cheval sans avoir besoin de recourir à des artifices de position. Il reste droit en selle, prêt à faire les oppositions de corps que réclament les circonstances.

L'assiette doit reposer sur les deux ischions.

Toute position de jambes qui fait sortir l'assiette de cette base naturelle est défectueuse.

C'est ainsi que la position sur l'enfourchure, qui résulte d'une verticalité trop accentuée des cuisses, comme la position sur le coccyx avec cuisses tendant vers l'horizontalité, sont également vicieuses.

La conformation de l'homme à califourchon sur un cylindre de un mètre environ de diamètre exige que, pour conserver le corps droit et libre, les cuisses soient légèrement inclinées en avant. Cette nécessité résulte de la différence entre le diamètre du cylindre à envelopper et la distance qui sépare les deux articulations coxo-fémorales du cavalier.

Si cette différence est grande, les cuisses auront une inclinaison plus accentuée que si cette différence est faible.

Expérimentalement, tous les hommes de cheval savent, en effet, qu'il faut porter les étriers plus longs sur un cheval étroit que sur un cheval large de thorax.

Nous avons eu la curiosité de suspendre un squelette humain au-dessus d'un cheval sellé, puis de larguer la corde attachée au sommet du crâne jusqu'à ce que les deux ischions fussent appuyés sur la selle.

Nous avons constaté alors que les fémurs ne reposaient pas sur les quartiers de la selle par leur face interne, mais bien par leur face mi-interne, mi-postérieure.

En outre, les tibias tombant naturellement en raison de leur propre poids, les pieds étaient tournés en dehors, peu, lorsque le cheval était étroit, beaucoup, lorsqu'il était large.

La myologie humaine montre, d'autre part, que les muscles les plus volumineux et, par suite, les plus forts de la jambe sont les mollets. Il faut donc, pour que la jambe exerce toute son action d'enveloppement, qu'elle s'applique sur le corps du cheval, plus ou moins, par sa face postérieure, d'où résulte pour le pied une position plus ou moins ouverte.

Autrefois, on exigeait des cavaliers militaires qu'ils eussent la pointe du pied tournée en dedans ou, tout au moins, parallèle au flanc du cheval, à cause du botte à botte absolu, considéré alors comme la condition indispensable de toute cohésion.

Cette exigence a fait son temps, et, tout en voulant,

comme par le passé, obtenir une cohésion parfaite, on a reconnu qu'il fallait accorder au cavalier une certaine aisance dans le rang.

Rien ne s'oppose donc aujourd'hui à ce que le cavalier militaire donne à sa jambe l'attitude qui convient le mieux à sa solidité et à la bonne conduite de son cheval.

La position normale du cavalier résulte des considérations qui précèdent; nous allons tâcher de la résumer.

Le corps droit, aisé, et souple; les yeux fixés droit en avant; les muscles du bassin relâchés; les cuisses aussi allongées que possible, à la condition que l'assiette repose sur les deux ischions; les jambes verticales, les mollets en contact léger avec le flanc du cheval; les pieds, légèrement tournés en dehors, sans raideur, et dans toute leur extension, c'est-à-dire la pointe plus basse que les talons; les bras tombant naturellement près du corps, les coudes ployés à angle droit, pour que les mains puissent tenir les rênes au-dessus du garrot.

Quand le cavalier a les étriers, la grille de l'étrier doit correspondre au talon de l'homme et, dans ce cas, le pied chausse l'étrier au tiers antérieur, en baissant le talon. Le port de l'étrier au tiers antérieur du pied permet à l'articulation tibio-tarsienne de conserver son jeu, sa mobilité et sa souplesse.

Tenue des rênes.

Pendant le dressage et, en général, toutes les fois que

le cavalier peut se servir de ses deux mains pour la conduite du cheval, les rênes sont tenues « à l'anglaise ».

La tenue des rênes « à l'anglaise » consiste à placer les quatre rênes, deux par deux, du même côté, dans chaque main.

Le cavalier aura, dans la main droite, la rêne droite de filet et la rêne droite de bride et, dans la main gauche, les deux autres rênes.

On peut tenir les quatre rênes dans les deux mains, de différentes façons.

Nous les séparons, pour notre usage, de la manière suivante :

Les rênes de filet étant tenues dans chaque main, comme des rênes de bridon, nous faisons passer la rêne de bride entre l'annulaire et le petit doigt, les deux rênes d'un même côté venant sortir de la main, celle de filet entre le premier doigt et le pouce, celle de bride entre l'annulaire et le médius.

Cette tenue des rênes a l'avantage de permettre au cavalier de passer instantanément les quatre rênes dans une seule main et de les séparer aussi rapidement.

En effet, si, par exemple, on veut faire passer les deux rênes droites dans la main gauche qui tient déjà les rênes gauches, il suffit, de faire glisser la rêne droite de filet entre le pouce et le premier doigt et la rêne droite de bride entre le premier doigt et le médius.

De cette façon, les deux rênes de filet passent entre le pouce et le premier doigt, tandis que la rêne droite de bride est séparée de la rêne gauche de bride par le médius.

La répartition des 4 rênes entre les deux mains se fait ensuite, à l'inverse des opérations de réunion dans une seule main.

Lorsque le cavalier a besoin de l'usage prolongé de sa main droite, il tient les rênes « à l'allemande » dans la main gauche.

Par ce procédé, les rènes de bride sont séparées par l'annulaire, la rène gauche de filet entre dans la main gauche sous le petit doigt, et la rêne droite de filet entre dans la même main entre le pouce et le premier doigt.

On peut aussi tenir la rêne droite de filet avec la main droite et conduire à deux mains « à l'allemande », mais ce procédé de conduite à deux mains est très inférieur au procédé de conduite « à l'anglaise » parce qu'il ne permet pas de nuancer les effets séparés des rênes de bride.

Que l'on conduise à deux mains ou à une seule, le poignet doit toujours être dans le prolongement de l'avant-bras et non en supination (tourné en dehors).

Si, tenant les rênes à l'allemande, le cavalier tourne le poignet de façon à placer les ongles face au corps, la rêne gauche de bride se raccourcit et entraîne le bout du nez du cheval à gauche. Cette position défectueuse de la tête du cheval se constate chez la généralité des chevaux de cavalerie, aussi bien en Allemagne qu'en France.

Le général prussien von Schmidt donnait à ce pli permanent à gauche des causes au moins singulières, tandis que la position de la main de bride était seule en jeu.

Actuellement, dans la cavalerie prussienne, la rêne

gauche de bride est plus courte que la rêne droite de plusieurs centimètres. Il eût été plus logique de modifier la position de la main de bride.

De la solidité à cheval.

Pour se bien rendre compte des exigences de tenue qu'imposent au cavalier les mouvements du cheval, il est bon d'observer homme et cheval dans les circonstances où l'un et l'autre ont à faire des efforts considérables.

Il y a une dizaine d'années, à l'époque la plus brillante des courses d'officiers au concours hippique de Paris, nous passions des après-midi entières à hauteur de la barre pour voir comment cet obstacle était franchi.

Les cavaliers avaient presque tous les étriers chaussés ; quelques-uns, en petit nombre, conservaient l'étrier au tiers du pied, mais tous sans exception ouvraient les pieds au moment du saut et enveloppaient le corps du cheval à partir du bas de la jambe.

Les cavaliers médiocres étaient fortement enlevés de la selle, pendant la suspension du cheval, et s'inclinaient violemment en avant, après le saut.

Les bons cavaliers, au contraire, quittaient peu la selle et restaient droits, de l'autre côté de l'obstacle.

Enfin, les meilleurs conservaient à leur corps, pendant toute la durée du saut, et quelle que fût l'attitude du cheval, la verticalité absolue, à l'instar des enfants jouant à l'escarpolette, qui restent droits, à tous les instants du mouvement de bascule.

Les différences sensibles que l'on constate chez des cavaliers passant un obstacle en hauteur sont faciles à analyser, pour peu que l'on veuille réfléchir aux effets produits par les actions du cheval.

Un cheval qui saute prend un élan qui accélère brusquement la vitesse de son corps en hauteur et en largeur. Le cavalier, en vertu de l'inertie, est rejeté en arrière, au départ, puis, s'il a su réagir au moyen de ses muscles abdominaux, est soulevé par le cheval dans le sens du saut.

Aussi longtemps que le cheval s'élève en hauteur, l'assiette reste en contact avec la selle ; mais à partir du moment où le cheval décrit la partie descendante de sa trajectoire, le corps de l'homme continue, en vertu du principe d'inertie, son mouvement ascensionnel et quitte la selle plus ou moins.

La réaction, ou action retardatrice de l'avant-main, par opposition à l'action accélératrice de l'arrière-main, se produit au moment où le cheval se reçoit sur le sol avec un pied antérieur, puis avec l'autre.

Le corps du cavalier étant encore hors de la selle quand la réaction a lieu, n'en subit les effets qu'un peu plus tard, à l'instant où il retombe en selle ; mais alors il est doué, par inertie, d'une vitesse horizontale supérieure à la vitesse restante du cheval. Il résulte de là que si le cavalier n'a pas su contracter ses muscles lombaires, vers la fin du saut, afin de rejeter le haut de son buste en arrière, il s'inclinera, malgré lui, sur l'encolure et pourra même glisser, en fâcheuse posture, au delà du garrot.

Donc, le cavalier doit produire, pendant le saut du cheval, trois actions musculaires successives, savoir :

1° Contrebattre l'inertie au départ, grâce à une contraction des muscles abdominaux ;

2° Lutter, pendant le saut, contre l'impulsion verticale, et l'atténuer, en embrassant le corps du cheval au-dessous de son plus grand diamètre, à l'aide des mollets et des cuisses ;

3° Enrayer la vitesse acquise du corps dans le sens horizontal, à l'arrivée, en contractant, dans la mesure convenable, les muscles lombaires.

Ces trois actions se retrouvent, atténuées mais sensibles, à toutes les allures sautées.

Au trot, par exemple, le cheval se lance, à chaque temps, d'un bipède diagonal sur l'autre. Il y a donc pour lui, à chaque temps de trot, une période d'impulsion, une de suspension et une autre de réaction. Ces périodes varient, chacune, de durée et d'intensité, suivant la conformation du cheval, son énergie, la vitesse de l'allure et son tride.

Le cavalier subit successivement les trois effets d'impulsion, de suspension et de réaction.

Ainsi, la détente du bipède diagonal gauche (droit) soulève, ensemble, homme et cheval. Lorsque le bipède diagonal droit (gauche) arrive ensuite à terre, le corps du cheval éprouve une réaction, mais le corps du cavalier qui a quitté la selle, vers la fin de la suspension du cheval, et n'y est pas encore retombé, ne subit cette réaction qu'un peu plus tard, au moment du milieu de l'appui du bipède diagonal droit (gauche). Vers la fin de cet appui a lieu l'impulsion du même bipède diagonal, puis une nouvelle période de suspension, suivie d'une réaction sur le bipède diagonal gauche (droit), et ainsi de suite.

Si donc, le cavalier veut se lier le plus possible aux mouvements du cheval au trot, il doit savoir mettre en jeu, dans une mesure convenable, tantôt ses muscles abdominaux, tantôt ses muscles lombaires. De plus, il faut qu'il adhère au cheval par ses cuisses et ses jambes, de façon à diminuer l'amplitude de ses propres suspensions, qui font suite à celles du cheval. Indépendamment des masses musculaires précitées, d'autres muscles, tels que les grands et petits obliques, jouent un rôle pour rétablir l'équilibre, à la suite des déplacements latéraux.

Les cuisses et les jambes du cavalier, dont l'ensemble forme ce qu'on appelle l'enveloppe, ont d'autant plus de puissance qu'elles sont mieux en rapport avec le volume à envelopper.

L'homme grand est mieux sur un grand cheval que sur un petit. La « pince » s'exerce facilement lorsque le bas de la jambe serre au-dessous du plus grand diamètre du cheval. Dans le cas contraire, la pression des jambes a pour résultat d'enlever le cavalier de sa selle.

Que l'on cherche à soulever avec les doigts une bouteille couchée horizontalement sur une table, on verra que la prise des doigts se fera au-dessous du plus grand diamètre de la bouteille et non au-dessus.

Nous sommes ainsi amené à conclure que le cavalier tourne plus ou moins ses pieds en dehors, serre, plus ou moins, des cuisses, des genoux et des jambes, suivant la violence des actions qu'il éprouve, et que son buste est perpétuellement sollicité en avant, en arrière, et latéralement, par les muscles du bassin, qui agissent uniquement pour maintenir le corps droit, en dépit de tous les déplacements provoqués par le cheval.

A ce titre, il serait peut-être bon de préparer les recrues de la cavalerie aux mouvements du cheval, en leur faisant exécuter, à pied, des flexions de peu d'étendue, moelleuses, et néanmoins rapides, du corps en avant, en arrière, latéralement, ainsi que des torsions du corps autour des hanches maintenues fixes.

Un autre exercice préparatoire qui pourrait être essayé est le suivant :

L'apprenti cavalier étant assis sur un cheval de bois capitonné, ayant la forme d'un cheval ordinaire, un homme se tient debout derrière lui, sur la croupe, et, à un signal convenu, le saisit sous les aisselles en cherchant à l'enlever de cheval.

En définitive, il faut beaucoup de temps et d'exercice pour amener un commençant à l'indépendance, la vigueur, et à la coordination des actions musculaires, qui procurent la solidité à cheval.

* *

Bride, ou double bridon ?

Bon nombre de cavaliers expérimentés recommandent de commencer le dressage du cheval en double bridon.

Assurément, le double bridon présente un avantage

incontestable. Il a peu d'action sur les barres et permet au cavalier médiocre de promener un cheval, aux trois allures, sans trop compromettre son dressage ultérieur.

Le bridon est bien nommé le *refugium peccatorum;* mais le bridon, ou le double bridon, s'il facilite l'extension des allures, présente un inconvénient sérieux.

Le cheval, ne redoutant nullement l'action du mors de bridon et poussé, d'autre part, dans le « mouvement en avant », prend peu à peu l'habitude d'étendre à l'extrême son encolure, en la contracturant et en prenant sur le mors un point d'appui factice.

En agissant ainsi, le cheval diminue, toute proportion gardée, le travail de propulsion de sa croupe, puisqu'il surcharge son avant-main; mais, outre que cette surcharge exagérée fatigue à la longue les membres antérieurs, les membres postérieurs arrivent à ne plus travailler que dans l'extension, c'est-à-dire sur des bases très longues. Le cheval devient alors incapable de se mouvoir dans un autre sens que la ligne droite, et son rôle se borne à celui de moyen de transport. Telle n'est pas la fonction du cheval de selle, et surtout, du cheval de guerre.

On admet que le double bridon convienne pendant la période de « débourrage » pour faire dépenser ses forces au jeune cheval et l'habituer au poids de l'homme; mais dès que l'éducation intensive du dressage commence, il faut emboucher le cheval avec un mors de bride et travailler la légèreté, source de tout progrès équestre.

Cette éducation ne saurait commencer avant que le cheval ait terminé son développement physique, c'est-à-dire entre cinq et sept ans, suivant la race, la taille, l'alimentation du jeune âge, etc....

Avant de le soumettre au dressage proprement dit, on montera le jeune cheval à la promenade ou bien on l'attellera à une voiture légère, afin de développer ses forces et de le maintenir en bonne santé.

Cette période de « débourrage » mérite toute l'attention du cavalier ; elle exige aussi des soins et des ménagements très particuliers, en ce qui concerne l'hygiène du jeune cheval et surtout le réglage de ses allures.

Peu importe, à ce moment, que le cheval soit embouché avec tel ou tel mors. L'important est qu'on lui évite les tares précoces que l'on constate malheureusement trop souvent chez les chevaux de remonte à peine sortis de la ferme.

On préservera les jeunes chevaux de ces tares prématurées, véritables stigmates de l'incurie humaine, en ne les tenant pas attachés dans les écuries ordinaires, mais en les réunissant « en harde » dans de vastes locaux très aérés, puis en leur faisant exécuter, chaque jour, des reprises de travail, nombreuses et courtes, à des allures très calmes, très régulières, plutôt lentes que rapides.

En résumé, la bonne, la saine équitation, celle que les anciens ont idéalisée dans la fable du Centaure, exige que le cheval de selle, formant avec son cavalier un ensemble homogène, mobile dans tous sens, soit apte à évoluer, en toute sécurité, sur tous les terrains, le jour comme la nuit, aux allures lentes ou aux allures vives, en ménageant ses forces et, par suite, en conservant douceur, appétit et gaieté.

CHAPITRE PREMIER

TRAVAIL EN PLACE

Leçon du montoir.

Le cheval est amené, dans le manège, sellé et bridé. Avant de le monter, le cavalier s'assure par lui-même que le harnachement est bien ajusté.

Ensuite, il fait exécuter quelques flexions de tête et d'encolure, à la cravache, et il profite d'un repos pour se mettre en selle.

Si le cheval se tracasse, un aide se place devant lui, prend dans chaque main une rêne de filet et maintient la tête du cheval, droite sans l'élever.

Après quelques séances de cette nature, il est rare que le cheval fasse des difficultés au montoir, surtout si le cavalier s'est muni de quelques friandises qu'il distribue au moment de mettre le pied à l'étrier.

Pourtant, si le cheval refuse de se laisser monter, le cavalier exigera de lui la flexion complète d'encolure à droite et profitera de cette attitude pour se mettre rapidement en selle.

Nous n'entrerons pas dans les détails de la mise en selle. Disons seulement que la méthode qui consiste pour le cavalier, à faire face à la croupe en mettant le pied à l'étrier, nous paraît préférable à celle qui place le cavalier face en avant.

Une fois en selle, le cavalier laissera son cheval au repos, de pied ferme pendant quelques instants, et il le mettra en mouvement, au pas et au repos.

De même, le cavalier terminera les séances de travail à cheval par quelques tours au pas et au repos.

Le cavalier enlève ainsi au cheval toute appréhension au départ, et le laisse, en terminant, sur une bonne impression.

L'expérience montre, en effet, que les chevaux difficiles au montoir se rencontrent surtout parmi ceux que leurs cavaliers embarquent aux allures vives, dès qu'ils sont en selle.

De même, les chevaux qui sortent difficilement du rang appartiennent, le plus souvent, à des cavalierr très exigeants au départ.

En réfléchissant, tant soit peu, à l'impression que doit éprouver le cheval, soit que l'on monte sur son dos, soit qu'on veuille lui faire quitter ses camarades, on se convaincra de la nécessité de ne lui demander, dans les deux cas, que des efforts progressifs, sans augmenter encore sa mauvaise humeur par des coups.

Mise en main.

Le cheval étant arrêté sur la piste, à l'une ou l'autre main, le cavalier serre progressivement les jambes près des sangles, en même temps qu'il exerce une traction égale sur le mors de bride au moyen des rênes de bride tenues à l'anglaise, ce qu'on appelle « l'effet d'ensemble ». (Voir la photographie, après la page 128.)

La bouche du cheval se contracte d'abord sous l'influence de la douleur occasionnée par le mors.

Si le cheval avance, les rênes de bride augmentent leur action et les jambes se desserrent un peu ; s'il recule, au contraire, la main rend et les jambes se glissent en arrière, afin de provoquer la marche en avant.

Dans le cas où le cheval se traverse, un effet latéral le remet sur la piste.

Le cavalier recommence froidement et avec une grande attention son « effet d'ensemble » par jambes près des sangles et rênes de bride, en ayant soin d'exercer avec les rênes une traction équivalente mais non supérieure à la résistance qu'offre la bouche du cheval et en pressant les jambes en raison du degré de cette résistance.

Si le cheval, énervé par l'effet d'ensemble, ou comprenant l'analogie de cet effet avec celui qu'il a subi lorsque le cavalier, à pied, s'aidait de la cravache, décontracte la mâchoire et donne aux mains du cavalier l'impression du vide succédant à une impression de poids, ce qui s'appelle une « mise en main », le cavalier, prompt comme l'éclair, rend la main complètement, caresse son cheval, puis rend les jambes par degrés.

Il est rare que cette descente de main, précédant la descente de jambes, ne provoque pas un affaissement complet d'encolure, suivi bientôt d'un grand soupir.

Certains chevaux, peu favorisés sous le rapport de l'intelligence ou de la sensibilité nerveuse, comprennent difficilement l'effet d'ensemble par les jambes. Avec ceux-là, le cavalier, après avoir passé les quatre rênes dans la main gauche, fait agir exclusivement les rênes de bride et frappe de légers coups de cravache avec la main droite sur les reins, tout en serrant les jambes, jusqu'à ce que la décontraction des mâchoires ait lieu. Plus tard, on diminue progressivement l'action de la cravache, pour ne plus se servir que des jambes.

Une fois l'encolure affaissée, le soupir exhalé, le cavalier reprend ses rênes et demande une nouvelle mise en main. Après deux ou trois mises en main, suivies, chacune, d'un repos avec affaissement d'encolure, il faut faire promener le cheval, au pas libre, pendant quelques minutes. On recommence ensuite le travail de mise en main, en place.

Lorsque ce travail est sagement et intelligemment fait, le cheval se met en main de plus en plus vite, et il arrive un moment où, dès le début de l'action d'ensemble, la mise en main est obtenue. Le cavalier peut alors se montrer un peu plus exigeant, non sur la demande elle-même, mais sur la durée de la mise en main.

Au lieu de rendre complètement, il ouvre un peu les doigts, sur une mise en main, puis reprend presque aussitôt et conserve ainsi la mise en main pendant dix ou vingt secondes. Ensuite, a lieu un repos complet.

De l'éperon.

Si le cavalier était dépourvu d'éperons, le cheval arriverait bien vite à ne tenir aucun compte de l'action de la jambe.

Le cheval ne redoute la jambe du cavalier que parce qu'il apprend à ses dépens qu'elle est l'avant-garde d'une attaque sérieuse produite par l'éperon.

La jambe prévient et ordonne; son action suffit lorsque le cheval veut bien obéir; mais il est de toute nécessité que le cheval ait au moins appris à connaître la puissance dont la jambe du cavalier est armée en cas de besoin, quitte, pour celui-ci, à n'user du grand moyen de l'éperon que dans les très rares occasions où son emploi s'impose.

Nombre de cavaliers se servent de l'éperon rarement, mais, chaque fois, avec la plus grande vigueur.

Qu'arrive-t-il alors?

Le cheval, affolé par la douleur, ou tremblant de recevoir de nouveaux coups d'éperon qu'aucun signe n'annonce, se contracte, bondit, se cabre, rue, ou devient craintif.

Pourquoi l'éperon, si bien nommé « la suprême expression de la jambe », n'agirait-il pas, lui aussi par degrés, suivant les circonstances?

Tire-t-on le canon sur une vedette ennemie, quand un seul coup de fusil suffit à la faire disparaître?

Le célèbre Baucher, qui se servait de l'éperon avec un art infini, n'a pu transmettre à ses adeptes, sauf de très rares exceptions, sa délicatesse de touche. Il en est résulté que beaucoup de ceux qui ont voulu l'imiter ont rendu leurs chevaux rétifs.

Baucher lui-même se rendait très bien compte de la difficulté de l'usage qu'il faisait de l'éperon quand il le comparait à « un rasoir entre les mains d'un singe ».

C'est que Baucher ayant une position de jambes à peu près invariable, son éperon ne pouvait agir que dans un rayon très réduit, mesurant quelques millimètres.

Quelle précision ne fallait-il pas de sa part pour que le cheval comprît, sur un jeu de jambe et d'éperon à peine différencié du précédent, qu'il s'agissait, pour lui, d'exécuter un mouvement différent.

Tout en gardant à la mémoire de Baucher le tribut d'admiration qu'elle mérite, nous avons le droit de dire que l'emploi de l'éperon veut des procédés simples et à la portée de tous les cavaliers.

Pour nous, l'éperon presse là où la jambe est impuissante à produire l'effet qu'on en attendait. Si la pression de l'éperon ne suffit pas, même en lui donnant une force croissante, on a recours aux attaques, légères d'abord, puis progressivement renforcées comme force et comme nombre.

En résumé, la jambe provoque l'effet demandé quand le cheval veut bien se soumettre à son action, sinon l'éperon arrive au secours de la jambe, soit en pressant, soit en piquant, pour forcer l'obéissance.

Une constatation physiologique importante nous apprend que les jambes, pressant près des sangles, amènent le ralentissement, l'arrêt et le reculer, tandis que les jambes, frôlant le flanc loin des sangles, provoquent l'impulsion en avant.

Ces deux actions extrêmes de la jambe laissant la place à une action intermédiaire, donnent lieu à un résultat compris entre l'arrêt et l'impulsion, c'est-à-dire le maintien du mouvement commencé.

Toutes les fois que nous aurons à décrire une action des jambes, il sera bien entendu qu'il s'agit de la pression des jambes, accompagnée ou suivie, s'il le faut, du presser ou du pincer de l'éperon.

Les conditions de l'emploi de l'éperon une fois déterminées, il nous reste à indiquer comment on fait connaître méthodiquement au cheval sa puissance.

La flexion latérale d'encolure en fournit l'occasion.

Flexion latérale d'encolure.

Le cheval étant en place et sur la piste, le cavalier demande la flexion d'encolure vers l'intérieur du manège.

Par exemple, à main droite, le cavalier, après avoir obtenu la mise en main, attire la bouche du cheval vers la droite avec la rène droite de bride, aidée, s'il le faut, de la rène droite de filet, et il rend les rènes gauches, de la quantité nécessaire.

Dans la flexion d'encolure, la tête est non seulement pliée sur l'encolure, mais encore, l'encolure est pliée sur elle-même de façon que la tête puisse s'approcher du genou du cavalier.

Si, pendant qu'on fléchit son encolure, le cheval conserve la mobilité des mâchoires, les jambes n'ont pas à intervenir, mais le cas est rare, et, le plus souvent, le cheval contracte sa bouche, dès qu'il la sent attirée latéralement.

C'est donc aux jambes à forcer l'obéissance et à provoquer le « goûter du mors », même pendant la flexion latérale.

Voici le jeu des jambes, en supposant qu'il s'agisse de la flexion à droite.

La jambe droite serre, un peu en arrière de la sangle, et le genou droit s'appuie fortement sur la selle, pour provoquer une première décontraction de la bouche et maintenir le cheval sur la piste.

Pour la flexion à gauche, les moyens sont inverses.

Dès que le cheval, après avoir décontracté ses mâchoires, laisse conduire sa tête vers la droite par une traction de rêne franchement ouverte, la jambe gauche, se glissant sur le flanc, plus en arrière que l'autre jambe, fait sentir une action prédominante qui peut aller jusqu'au presser de l'éperon, chaque fois que le cheval, dont l'encolure est pliée, contracte sa bouche.

Le rôle d'agent de décontraction de la bouche, durant la flexion latérale à droite, a été dévolu à la jambe gauche par Raabe, pour les raisons suivantes :

Lorsque le cheval n'est pas sur la piste, si la jambe droite, après avoir aidé à la flexion à droite, continuait à faire sentir une action prédominante, la croupe fuirait à gauche, ou bien, le cheval ruerait à la botte droite, car la flexion à droite surcharge le diagonal droit, décharge

No 7.

Mise en main.

d'autant le diagonal gauche et donne ainsi toute liberté de mouvement au postérieur droit.

Au contraire, la jambe gauche peut agir, comme moyen de discipline, sans que le cheval puisse s'insurger contre elle, à partir du moment où la flexion est obtenue et quand il ne s'agit plus que d'assurer la mobilité des mâchoires, dans cette attitude.

La flexion à droite tendant, en outre, à faire fuir les hanches à gauche, la jambe gauche est bien placée pour maintenir celles-ci.

Leçon de l'éperon.

C'est donc pendant la flexion latérale, que le cavalier peut commencer à faire sentir au cheval la puissance de l'éperon.

Mais, recommandation importante, la leçon de l'éperon ne doit arriver qu'en temps opportun.

Tel cheval, froid, peu nerveux, supportera l'éperon très facilement, sans qu'il soit besoin de prendre beaucoup de précautions. Tel autre, et les juments de pur sang en fourniront de nombreux spécimens, veut bien que les jambes conservent avec ses côtes un contact permanent, mais il s'insurge dès que les jambes se glissent très en arrière, sur les flancs.

Avec les chevaux de cette catégorie, il faut, non seulement user des plus grandes précautions dans l'usage de l'éperon, mais encore, attendre qu'à la suite de nombreuses séances de travail aux jambes, leur excitabilité se soit peu à peu émoussée.

Admettons que le cheval supporte bien la pression des jambes, on procédera, pour la leçon de l'éperon, de la manière suivante :

Le cavalier enveloppe ses éperons de poupées en cuir et se fait assister d'un aide.

Pendant la flexion latérale à droite, par exemple, l'aide, muni d'une cravache, frotte, avec un mouvement de scie, la région du flanc où l'éperon gauche du cavalier aboutira.

Celui-ci met le bas de sa jambe gauche en contact avec le flanc, puis il touche de l'éperon, tandis que l'aide continue à scier avec sa cravache.

L'éperon étant en contact léger mais ferme, l'aide diminue peu à peu les mouvements alternatifs de sa cravache, puis les cesse complètement.

Le cavalier serre un peu plus fort de l'éperon gauche, quand la bouche se contracte, et desserre, lorsque le cheval mâche son mors, toujours dans la flexion d'encolure à droite.

Après quelques instants de flexion à droite maintenue liante par l'éperon, la tête du cheval est ramenée en avant, au repos ; puis, l'opération recommence, du côté opposé.

Une fois que le cheval a bien supporté un éperon, dans la flexion, les deux éperons, dont l'action est toujours précédée de la pression du bas de la jambe, viennent toucher simultanément près des sangles, pour parfaire l'effet d'ensemble.

Le cheval se rend compte, alors, que l'éperon n'est pas

aussi terrible qu'il en a l'air, et il supporte son contact, sans s'insurger.

Pour que l'éperon soit efficace, il convient d'en user, seulement, lorsque la pression de la jambe est impuissante à produire le résultat cherché.

En outre, tout signe de soumission, venant à se produire sous l'influence de l'éperon, doit être récompensé, aussitôt, par un relâchement des aides inférieures.

Nous avons dressé une jument de pur sang tellement impressionnable que nous n'avons pu songer à lui faire sentir l'éperon qu'après deux mois de leçons journalières, et pourtant, cette jument était arrivée, en six semaines de travail, à galoper de deux pistes, dans la mise en main. Nous avons voulu cependant lui faire connaître l'éperon, moins pour nous en servir, au travail, que pour disposer, à un moment donné, d'un moyen de domination absolu.

Le cheval, déjà travaillé à l'éperon, est forcé de se décontracturer, lorsque le cavalier le touche près des sangles. Un tel cheval devient d'une sensibilité exquise aux jambes, sans que l'éperon ait le plus souvent à intervenir; mais, le jour où il veut gagner à la main, les éperons appliqués aux sangles le clouent sur le sol, à la suite du spasme qu'ils ont le pouvoir de provoquer.

L'action produite par les éperons aux sangles est facile à observer chez les chevaux neufs. Pour s'en convaincre, il suffit, en marchant à côté d'un jeune cheval, de lui appliquer fortement le gros bout de la cravache sur le sternum, immédiatement en arrière du coude. A l'instant même, le cheval s'arrête.

Cette action s'explique mécaniquement et physiologiquement. Mécaniquement, elle sollicite la contraction des membres antérieurs, organes de support et de recul ; physiologiquement, elle agit sur le diaphragme, dont elle trouble les mouvements, et provoque, par suite, un spasme favorable à l'arrêt.

Le cavalier doit être sage et généreux dans l'emploi de l'éperon. Il possède, avec cet instrument, les éléments d'une domination complète, à la condition d'en user dans la limite des résultats déjà acquis, et en respectant les lois mécaniques et physiologiques.

Lorsque l'usage des poupées d'éperon n'est plus nécessaire, le cavalier touche ou presse avec l'éperon découvert, en ayant soin d'employer des molettes très peu piquantes.

Les molettes acérées ne sont admissibles que pour les chevaux flegmatiques, qui sont l'exception dans la catégorie des chevaux de selle.

D'ailleurs, l'éperon n'est pas d'un bon emploi pour accélérer la vitesse d'une allure vive, parce que son effet est toujours plus ou moins spasmodique.

La position du corps, le glissement des jambes en arrière, et, dans certains cas, la cravache, sont les véritables facteurs de l'accélération commandée au cheval.

Du pli.

Le *pli de l'encolure* est le résultat d'un effet diagonal.

Dans cette attitude, le cavalier ne doit voir que l'œil du cheval, du côté du pli.

Le pli à droite a pour effet de surcharger le diagonal gauche, et le pli à gauche, de surcharger le diagonal droit.

Pirouettes renversées.

La *pirouette renversée*, ou conversion sur les épaules, s'exécute, à cheval, comme au travail à pied, avec cette différence que la jambe qui sollicite le mouvement de la croupe remplace la cravache, en pressant loin des sangles, tandis que l'autre jambe serre, près de la sangle, plus ou moins fort, en vue d'assurer la légèreté de l'avant-main.

Dans les commencements, le cheval ne pivote pas d'une façon absolue sur l'antérieur droit (gauche), dans la pirouette renversée à gauche (droite), mais l'antérieur, placé du côté vers lequel le cheval tourne, décrit des enjambées plus longues que l'autre.

La pirouette renversée doit être demandée, pas à pas, très lentement. Il sera bon de la commencer en se servant de l'effet latéral, et de ne passer à l'effet diagonal qu'insensiblement, au fur et à mesure de la facilité du mouvement.

Le travail à la cravache a montré déjà que l'arrière-main sollicité latéralement obéit facilement, lorsque l'action de la cravache concorde avec la fin de l'appui du postérieur, du côté où cette action s'exerce.

A cheval, il en est de même pour le moment où une seule jambe exerce une pression, loin des sangles.

L'instant favorable à l'action d'une jambe chargée de pousser la croupe latéralement, est indiqué par l'appui du membre antérieur, en latérale.

Il est facile de sentir, à cheval, les appuis des membres antérieurs.

Nous indiquerons, dans le chapitre suivant, consacré au travail au pas, les procédés qui permettent d'acquérir très rapidement cette notion des appuis antérieurs, indispensable en équitation.

CHAPITRE II

TRAVAIL AU PAS

Le travail au pas est la base de l'équitation.

Un cheval obéissant, léger, souple, à l'allure du pas, est aux trois quarts dressé.

Les résistances, quand elles se produisent, acquièrent une intensité qui croît beaucoup plus vite que la vitesse de l'allure.

Toutes les fois, donc, que le cheval se contracte ou résiste, au trot ou au galop, vite il faut le remettre au pas et l'assouplir de nouveau à cette allure, méthodiquement.

Enfin, le travail au pas permettant au cavalier d'employer ses aides, posément, et avec toute réflexion, est susceptible d'acquérir une précision, un fini d'exécution que peu de cavaliers sont capables d'obtenir aux allures sautées.

Pour ces divers motifs, nous nous étendrons avec quelques détails sur le travail au pas. Nous réaliserons ainsi une économie, parce que l'explication complète du travail au pas permettra d'abréger beaucoup les chapitres consacrés au trot et au galop.

Du sentiment des appuis antérieurs.

La première et la deuxième partie du présent travail contiennent des exemples nombreux de l'importance qu'ont les appuis antérieurs dans la locomotion hippique.

Le cavalier à cheval, qui sent les appuis antérieurs, arrive à connaître, à tous les instants d'une allure, quelle est l'attitude de son cheval et quels mouvements il peut lui demander.

Il suffit, pour sentir les appuis antérieurs, de laisser marcher le cheval au repos, à l'allure du pas, et de regarder le jeu de bascule de ses épaules. En même temps, on constate que, lorsque la partie inférieure de l'épaule droite (gauche) descend, l'assiette éprouve une impression de choc sur l'ischion droit (gauche) et une légère torsion, l'épaule gauche (droite) en avant.

Ce choc est produit par la réaction de la masse du cheval, au moment où le pied antérieur droit (gauche) frappe le sol.

Si les jambes du cavalier sont en contact léger avec les côtes, la jambe droite (gauche) est légèrement poussée en dehors lorsque l'antérieur droit (gauche) fait son appui.

En regardant donc les épaules de son cheval pendant qu'il marche au pas et, en comptant *un*, sur l'appui de l'antérieur gauche, par exemple, et *deux*, sur l'appui de l'antérieur droit ; en écoutant, surtout, les sensations de l'assiette et des jambes, le cavalier parvient très vite. parfois après quelques minutes d'exercice, à sentir distinctement les appuis antérieurs.

Le cavalier cesse alors de regarder les épaules et de compter : *un, deux ;* mais, de temps en temps, il jette un coup d'œil sur l'une des épaules, afin de s'assurer qu'il sent toujours juste.

Le sentiment des appuis antérieurs ne suffit pas; il est nécessaire que le cavalier sache faire agir ses jambes sur le rythme de ces appuis.

Rien n'est plus facile. Le cavalier fermera la jambe gauche un peu en arrière des sangles, à l'instant de l'appui de l'antérieur gauche, et fermera la jambe droite, à l'instant de l'appui de l'antérieur droit.

Ces mouvements de jambes, faits moelleusement, ne gêneront en rien le cheval et ne provoqueront pas son départ au trot.

Ensuite, le cavalier s'exercera à fermer une jambe, près de la sangle, et à faire agir l'autre sans force contre le flanc, loin de la sangle, en réglant les actions de cette dernière sur les appuis antérieurs du même côté.

Lorsque ces mouvements de précision et d'assouplissement lui seront devenus familiers, le cavalier pourra travailler un cheval à l'allure du pas.

Mise en main.

Le cheval étant au pas libre, le cavalier ferme les jambes par degrés, un peu en arrière des sangles, et ajuste ses rênes, en faisant prédominer l'action des rênes de bride.

Cet effet d'ensemble ralentit la marche et baisse le nez du cheval.

Sans tirer sur les rênes, en serrant seulement les doigts et en pressant de plus en plus les mollets contre les côtes du cheval, le cavalier amène une décontraction de la bouche, qu'il sent dans les mains par l'absence de toute résistance, comme si les rênes étaient instantanément coupées au ciseau. A l'instant même, le cavalier doit faire une descente de mains complète, suivie d'une descente de jambes. La descente de jambes, pour bien faire, ne doit se produire que lorsque le cheval, profitant de la descente de main, commence à affaisser son encolure.

Repos en marchant.

On laisse marcher le cheval, la tête basse et sans rênes, pendant quelques pas, avant de lui demander une autre mise en main.

Après un certain nombre de mises en main obtenues de plus en plus facilement, le cavalier n'accorde un repos complet que de temps en temps ; néanmoins, il a toujours soin de jouer des doigts en les ouvrant, et de desserrer un peu les jambes, après chaque mise en main, pour récompenser le cheval.

L'action de rendre, après toute mise en main, conduit le cavalier à une grande sensibilité de main, à ce qu'on est convenu d'appeler « le doigter ».

Un cheval bien mis travaille avec des rênes presque flottantes.

De fréquents repos, en place, les rênes abandonnées, s'imposent au début du travail de mise en main au pas. On constatera, chaque fois, le grand soupir dont il a été question au travail à pied. Ce soupir indique le retour du calme, une décontracture complète, et nous autorise à reprendre le travail sans chagriner le cheval.

Arrêter.

Le cheval étant en marche au pas, dans la mise en main, le cavalier, pour l'arrêter, serre les jambes près des sangles, non pas uniformément, mais en faisant prédominer la pression de la jambe droite, à l'instant de l'appui de l'antérieur droit, et la pression de la jambe gauche, quand l'antérieur gauche prend terre. En même temps, les doigts font une opposition un peu plus marquée.

Le cheval ainsi actionné se ralentit et, au bout de quelques pas de plus en plus lents et courts, il s'arrête.

Dès que le cheval a marqué l'arrêt, le cavalier s'assure que la mise en main persiste et, si cette condition est remplie, il accorde le repos complet.

Il est bon, lors des premiers arrêts dans la mise en main, d'accompagner le jeu des aides du mot ho...là, prononcé avec calme, en baissant le ton sur la seconde syllabe.

Il devient alors facile de provoquer l'arrêt du cheval

marchant au repos, sans qu'il soit nécessaire de recourir à l'action des rênes.

Le cheval étant en marche, au repos, le cavalier, pour l'arrêter, serre les jambes près des sangles, tire sur la crinière et prononce le mot : ho...là. Dès que l'arrêt est produit, les jambes se relâchent, et le cheval est laissé au repos complet.

Ce procédé pour arrêter le cheval marchant au repos est infaillible, après deux ou trois essais, parce qu'il est très intelligible pour le cheval et qu'il lui indique un soulagement immédiat.

Il est même à remarquer que cet arrêt sans le secours des rênes est d'un moelleux incomparable. On en juge mieux encore lorsqu'il se produit, le cheval marchant au trot ou au galop.

Reculer.

L'effet d'ensemble de plus en plus accentué, surtout de la part des jambes serrant aux sangles, amène le reculer.

Aussitôt que la marche rétrograde est entamée, le cavalier desserre un peu les doigts, et les jambes pressent alternativement du côté où se font les appuis des antérieurs, en même temps qu'eux.

Pour faire cesser le recul, il suffit de rendre la main, puis d'ouvrir les jambes.

Après un bon reculer dans la mise en main, un repos complet est tout indiqué.

Marcher.

Le cheval étant dans la mise en main, en place, le cavalier est libre de lui faire entamer la marche avec l'antérieur droit ou avec l'antérieur gauche.

Si c'est l'antérieur droit qui doit se lever le premier, le cavalier donne le pli à droite par l'effet diagonal droit, puis il s'incline un peu en avant.

Le pied antérieur gauche ayant été surchargé par le pli à droite, l'antérieur droit se lève et entame la marche au pas.

Pour faire partir le cheval, du pied antérieur gauche, on emploie l'effet diagonal gauche. Quand le départ, par l'un ou l'autre pied, est indifférent, le cavalier glisse ses deux jambes en arrière, par frôlement, et porte le haut du corps légèrement en avant.

Le départ au pas, le cheval étant au repos complet, s'effectue à la suite d'un faible glissement de jambes en arrière, accompagné d'un petit déplacement du corps dans le sens de la marche.

Après que le jeu des jambes du cavalier est devenu familier au cheval, on obtient la mise en marche, le ralentissement, l'arrêt, le reculer, les reprises de la marche, sans toucher aux rênes et dans le repos complet, en inclinant le corps en avant, ou en arrière, très faiblement, et en se servant des jambes, qui se glissent en arrière sans force, pour le mouvement en avant, et pressent plus ou moins fortement près des sangles, sur le rythme des membres antérieurs, pour ralentir, arrêter ou reculer.

Ralentir ou accélérer la marche.

La marche au pas, dans la mise en main, est forcément lente, nous l'avons déjà expliqué dans la première partie; mais on peut, sans dépasser la vitesse du pas normal, demander au cheval, dans la mise en main, d'accélérer ou de ralentir sa marche.

Ces accélérations ou ralentissements s'obtiennent en graduant l'effet d'ensemble.

En fait, le bon cheval a une tendance, quand il est monté, à allonger son encolure et à accélérer sa marche.

Il suffit donc au cavalier, pour aller plus vite, de diminuer son effet d'ensemble, et de l'augmenter, quand il veut, au contraire, ralentir sa marche. Dans le premier cas, les jambes se glisseront un peu en arrière et sentiront les flancs sur le rythme des antérieurs du cheval, et, dans le second cas, elles presseront plus énergiquement aux sangles, toujours au pas des antérieurs.

Aussitôt que le repos complet succède à la mise en main en marchant, le cheval éprouve le besoin de s'étendre et il allonge son pas. Le cavalier est maître de régler l'allure, même au repos, en serrant les jambes, alternativement, aux sangles, avec le degré de puissance convenable.

TRAVAIL D'UNE PISTE.

On comprend, dans le travail d'une piste, tout mouvement demandé au cheval, en exigeant que ses pieds postérieurs posent sur les lignes formées par les empreintes de ses pieds antérieurs.

Les allures naturelles sont, toutes, d'une piste.

Doubler.

Le *doubler* consiste à quitter la piste à angle droit et à reprendre la même main en arrivant sur la piste opposée.

Le doubler exige que le cheval sache faire un à-droite (à-gauche) en marchant.

Pour faire face à droite (gauche) en marchant, le cheval décrit un quart de conversion dont le rayon, très faible (1 à 2 mètres), nécessite un mouvement de l'avant-main un peu plus étendu que celui de l'arrière-main.

Il faut donc que la jambe du dehors maintienne un peu la croupe, pendant que la rène de dedans attire le bout du nez à droite (gauche) et que la rène du dehors, s'appliquant plus ou moins sur l'encolure, aide à pousser l'avant-main vers la droite (gauche), non par la simple pression de la rène, mais en provoquant un pli d'encolure, à gauche (droite), qui surcharge le membre antérieur droit (gauche).

Doubler et changer de main.

Ce mouvement est le même que pour doubler, avec cette différence qu'en arrivant sur la nouvelle piste, on tourne à la main opposée.

Changement de main diagonal.

Le *changement de main diagonal* est commencé lorsque le cheval a dépassé d'un mètre ou deux l'un des coins du manège. Il s'exécute en ligne droite, de façon à faire arriver le cheval sur la piste à 1 ou 2 mètres du coin opposé, en diagonale, au coin du départ.

Volte.

La *volte* est une circonférence, en moyenne de 6 mètres de rayon, décrite par le cheval, en partant de la piste.

Pendant l'exécution d'une volte, dans la mise en main, le corps du cheval doit s'incurver, de telle sorte que ses pieds postérieurs posent sur les lignes d'empreintes de ses pieds antérieurs, et non en dehors ou en dedans d'elles.

Cette attitude du cheval nécessite un effet diagonal prédominant, qui place le bout du nez dans le sens de la courbe à parcourir et maintient la croupe sur cette même courbe, grâce à la jambe du côté extérieur.

Ainsi, dans la volte commencée et terminée sur la piste à main droite, le cavalier emploie l'effet diagonal droit (rène droite de bride, jambe gauche en arrière de la sangle), mais cet effet diagonal ne le dispense pas d'avoir recours à la pression de la jambe droite près de la sangle, pour maintenir la flexibilité des mâchoires, et à la rène gauche, plus ou moins ouverte, destinée à former, éventuellement, avec la jambe gauche, un effet latéral de redressement de la croupe vers l'intérieur du cercle.

Demi-volte.

La *demi-volte*, son nom l'indique, est une demi-circonférence, de même rayon que celui de la volte, qui se termine par une ligne droite allant rejoindre obliquement la piste.

La demi-volte fait changer de main.

La longueur de la ligne de retour sur la piste doit être au moins double du rayon de la demi-volte.

Le jeu des aides, sur la courbe, est le même que dans la volte ; il se modifie, sur la ligne oblique, dans le sens de l'effet d'ensemble direct.

Demi-volte renversée.

La *demi-volte renversée* commence par une ligne droite quittant la piste et se termine par une demi-circonférence analogue à celle de la demi-volte, qui fait revenir sur la piste, à la main contraire.

Le cheval commence le mouvement, dans l'effet d'ensemble, et subit l'effet diagonal, en arrivant sur la courbe.

Pirouette.

La *pirouette*, qui a été définie dans la deuxième partie, est plus facile à obtenir lorsque le cheval est en mouvement au pas lent que lorsqu'il est de pied ferme.

En effet, dans la pirouette à droite, par exemple, le postérieur droit devant former le pivot de la conversion des épaules autour des hanches, le cavalier peut saisir l'instant où ce postérieur arrive à l'appui, pour commencer sa demande.

En place, au contraire, le cavalier a beaucoup de difficultés à faire tourner l'avant-main, relativement lourd, autour de l'arrière-main, relativement léger.

Comment le cavalier saura-t-il à quel moment il peut demander la pirouette?

La connaissance et le sentiment des appuis antérieurs permettent de résoudre très facilement la question.

Lorsque l'antérieur gauche prend terre, au pas normal ou ralenti, le postérieur droit est sur le point de poser.

En faisant la demande à l'instant de l'appui de l'antérieur gauche, pour la pirouette à droite, par exemple, le cavalier a la certitude de faire commencer le mouvement sur le postérieur droit formant pivot.

Dans la pirouette à gauche, c'est l'antérieur droit qui, en prenant terre, indique au cavalier le moment de la demande.

Donc, s'il s'agit d'une pirouette à droite, le cavalier pèse en arrière et à droite sur l'ischion droit afin de surcharger le pivot et porte les deux mains à droite, plus ou moins, pour provoquer un mouvement de conversion des épaules autour des hanches. En même temps, il glisse progressivement sa jambe gauche en arrière, loin de la sangle, et la tient prête à s'opposer à tout mouvement de la croupe vers la gauche.

La rêne gauche peut venir au secours de la jambe gauche en combinant avec elle des effets latéraux. Enfin, la jambe droite, serrant près de la sangle, entretient la légèreté de l'avant-main.

Il est à remarquer que le cheval n'a une tendance à forcer la jambe gauche, dans la pirouette à droite, que vers la fin de l'exécution du mouvement.

La pirouette est plus facile quand elle a lieu dans le sens de la porte du manège.

Une fois que la pirouette à droite et la pirouette à gauche, en marchant, sont devenues familières au cheval et qu'il les exécute avec précision, le cavalier lui demande les pirouettes à droite et à gauche, en partant de l'arrêt. Les principes d'exécution sont les mêmes qu'en marchant, avec cette différence que le pivot est bien moins assuré.

Généralement, on demande la pirouette lorsque le cheval est sur la piste, et on ne lui fait réellement exécuter qu'une demi-pirouette, de même qu'étant sur la piste il ne peut exécuter que des demi-pirouettes renversées.

La pirouette entière, tout comme la pirouette renversée complète, n'a pas d'utilité pratique, tandis que la demi-pirouette et la demi-pirouette renversée ont des applications journalières.

Si, étant arrêté, on veut faire face en arrière, il vaut mieux choisir la demi-pirouette renversée que la demi-pirouette. La pirouette renversée est plus facile au cheval et ne présente jamais de danger, alors que l'abus des pirouettes mène aux courbettes, pour ne pas dire aux cabrades.

TRAVAIL DE DEUX PISTES.

Dans la première partie, nous avons suffisamment expliqué la différence essentielle qui existe entre le travail d'une piste et le travail de deux pistes pour que nous jugions inutile de revenir sur la définition du travail de deux pistes et les précautions qu'il exige au point de vue de la structure des membres.

Tous les mouvements qui suivent comportent deux pistes. Leur importance est grande, car, en travaillant de deux pistes, le cavalier « tient les hanches », suivant l'expression consacrée, et devient maître de la croupe. Or, qui est maître de la croupe est maître de l'impulsion, autant dire, maître du cheval. (Voir photographie, après la page 152.)

Changement de main diagonal.

Supposons le cheval sur la piste à main droite.

En quittant la piste après le passage d'un coin, le cavalier fait prédominer l'effet diagonal droit, appuie davantage sur l'ischion droit que sur le gauche, serre plus ou moins la jambe droite près de la sangle, pour conserver la légèreté de l'avant-main, et tient sa main gauche prête à nuancer un effet latéral dès que la croupe deviendra paresseuse à la jambe gauche agissant très en arrière.

Si l'avant-main n'appuie pas assez dans le sens du mouvement, la rêne droite s'écarte et attire le bout du nez plus franchement à droite.

Pendant le changement de main diagonal de deux pistes, le cheval avance et appuie, simultanément, en maintenant son corps à peu près parallèle au grand côté du manège et en donnant une légère avance aux épaules, dans le sens de l'appuyer.

Le changement de main diagonal en tenant les hanches, étant le plus facile et le plus important de tous les mouvements de deux pistes, mérite qu'on le travaille avec un soin particulier.

On ne peut pas donner de recette infaillible pour faire que le mouvement s'exécute avec une régularité parfaite. C'est au cavalier à varier ses effets, suivant les particularités momentanées qu'offre le cheval, en se souvenant qu'il a cinq aides à sa disposition : deux jambes, deux mains et l'assiette. Il faut apprendre à jouer de son cheval, avec les aides, comme le virtuose joue de son instrument.

On n'est jamais fondé à dire en manière d'acquit de conscience :

« J'ai suivi les règles de point en point et mon « cheval a mal fait. »

Il n'y a et ne saurait y avoir de règles absolues en équitation. Le tout est de réussir, en employant les moyens mis à notre disposition, et sans violenter les lois de la nature. C'est ainsi qu'on est parfois obligé de modifier le rôle rationnel des aides, afin d'obtenir, quand même, l'exécution correcte du mouvement, mais ces interversions sont passagères et n'infirment en rien les principes de conduite.

Raabe avait l'habitude de nous dire : « Vos jambes et « vos mains sont comme des chiens, toujours en mouve- « ment pour assurer au troupeau une marche régulière « dans le sens indiqué par le berger. »

Le cavalier doit être jugé d'après le travail de sa monture.

Demi-volte.

La courbe de la demi-volte, en quittant le mur, est tracée d'une piste. Le retour au mur, suivant une oblique, est, seul, travaillé de deux pistes, d'après les règles du changement de main diagonal.

Demi-volte renversée.

Le cheval quitte le mur en tenant les hanches, à l'inverse de la demi-volte, et revient au mur par une demi-circonférence d'une piste.

On verra, plus loin, que la demi-volte, ainsi que la demi-volte renversée, peuvent donner lieu à des mouvements de « croupe en dedans » et de « croupe en dehors » sur le parcours de la courbe comprise dans chacune de ces figures de manège.

Contre-changements de main.

Le *contre-changement de main* consiste à terminer un changement de main diagonal vers la droite, par exemple, au milieu, au tiers, au quart, ou même moins, de la largeur du manège, et, après un ou deux pas directs, à gagner l'ancienne piste par un nouveau changement de main diagonal en sens contraire du premier.

Ce mouvement ne fait donc pas changer de main.

Pour commencer, on demande au cheval un seul contre-changement de main sur la plus grande longueur du manège.

Plus tard, on lui fait exécuter deux, trois, quatre contre-changements de main successifs, en restreignant la progression latérale en proportion de leur nombre. La marche directe, qui sépare les deux changements de main d'un « contre », est diminuée, de même, au fur et à mesure que les « contres » se succèdent plus rapidement.

Le passage d'un changement de main au changement opposé exige l'interversion des aides et le changement de pli.

Le cavalier devra veiller, dans cette circonstance, à faire décrire à l'avant-main une légère conversion autour des hanches, afin que les épaules précèdent, quelque peu, les hanches dans la direction du nouvel appuyer.

Changement de main latéral.

Le *changement de main latéral*, en tenant les hanches, est le prototype des divers mouvements latéraux de deux pistes ; de même que tous les appuyers en avançant découlent, au point de vue du mécanisme et du jeu des aides, du changement de main diagonal.

Avant de faire exécuter au cheval un pur changement de main latéral de deux pistes, il est bon de l'exercer au mouvement de « *tête au mur* » qui est, lui aussi, un travail latéral de deux pistes, avec cette différence que la présence du mur facilite beaucoup la tâche du cavalier, en empêchant le cheval de dépasser la ligne de progression latérale, formée par la piste.

Les règles d'exécution du changement de main latéral étant celles du travail de « tête au mur », nous nous bornerons à décrire celui-ci.

Tête au mur.

Le cheval marchant au pas, dans la mise en main, sur la piste à droite (gauche), le cavalier ralentit le jeu de l'avant-main par un effet d'ensemble, puis range les hanches vers la droite, en employant l'effet diagonal droit (gauche), et, s'il le faut, l'effet latéral gauche (droit), pen-

No 8.

Appuyer.

dant que la jambe droite (gauche), serrant près de la sangle, mobilise l'avant-main et règle son mouvement.

Le corps du cheval forme alors avec le mur un angle de 45° au maximum, à la suite d'une double conversion des hanches et des épaules autour d'un point idéal situé vers le nez du cheval.

Une fois cette attitude prise, la jambe gauche (droite), qui actionne plus ou moins le flanc gauche (droit), à l'instant de chaque appui de l'antérieur gauche (droit), pousse le cheval vers la droite pendant que la jambe droite (gauche) fait son office de régulatrice de l'avant-main et que les rênes agissent au mieux des circonstances, en vue de conserver le pli à droite (gauche) et d'assurer une marche oblique lente, calme et régulière.

En arrivant à un coin, le cavalier porte davantage ses mains à droite (gauche) et gradue l'effet de sa jambe gauche (droite) en vue de faire décrire à l'avant-main une courbe un peu plus large qu'à l'arrière-main.

Croupe au mur.

Le travail de *croupe au mur* est d'une exécution plus difficile que le précédent parce que le cheval n'a plus devant lui un obstacle qui s'oppose à toute progression directe.

Dans « croupe au mur » les rênes et la jambe chargées de régler le jeu de l'avant-main ont à développer plus de puissance que dans « tête au mur ».

Le travail « de croupe au mur » tend à engager l'arrière-main plus que le travail de « tête au mur », en raison de l'impulsion que le cheval cherche à développer pour quitter la piste et gagner l'intérieur du manège, impulsion que viennent paralyser les rênes et la jambe agissant à la sangle, mais qui ne se traduit pas moins par un engagement de l'arrière-main très prononcé.

Le jeu des aides est le même, pendant le travail de « croupe au mur » que pour celui de « tête au mur », avec cette différence que le placement du cheval à 45° par rapport au mur, la croupe en dehors, a lieu en faisant décrire à l'avant-main une conversion vers l'intérieur du manège, plus étendue qu'à l'arrière-main. De même, le passage des coins s'effectue avec « croupe au mur », à l'inverse de « tête au mur ». La croupe décrit alors une courbe plus large que l'avant-main. Pour obtenir ce résultat, le cavalier fait agir, très loin de la sangle, la jambe chargée de pousser l'arrière-main et vient parfois en aide à cette jambe au moyen d'un effet latéral plus ou moins accentué.

De tête au mur à croupe au mur, et vice versâ.

Les mouvements qui consistent à faire passer le cheval de « tête au mur » à « croupe au mur » et de « croupe au mur » à « tête au mur » s'obtiennent facilement lorsque le travail de « tête au mur » et celui de « croupe au mur » ont été bien exécutés, séparément.

Le passage de « tête au mur » à « croupe au mur »

s'exécute, en ramenant le cheval sur la piste par une conversion accentuée des hanches, puis en portant son avant-main hors de la piste. C'est la succession, sans temps d'arrêt, du mouvement de redressement, en partant de « tête au mur », et du mouvement préparatoire à « croupe au mur ».

« De croupe au mur » à « tête au mur », les procédés sont les mêmes, en sens inverse.

Ces exercices donnent au cavalier l'occasion de vérifier si l'avant-main et l'arrière-main du cheval sont mobiles et liants. Ils nécessitent, de la part du cheval, une grande attention, et, de la part du cavalier, beaucoup de finesse.

Voltes, avec croupe en dedans, et croupe en dehors.

La volte, avec croupe en dedans, ou en dehors, sert, comme l'exercice précédent, à mobiliser séparément l'avant-main et l'arrière-main et à les rendre susceptibles de décrire des arcs de cercle très différents l'un de l'autre.

La volte, avec croupe en dedans, est une volte analogue à celle que parcourrait un cheval marchant, tête au mur, dans un manège circulaire de 6 mètres de rayon.

La volte, avec croupe en dehors, serait décrite, de même, par croupe au mur, sur la piste circulaire de ce manège.

La volte, avec croupe en dedans, débute donc par la

position de « tête au mur » et la volte, avec croupe en dehors, par la position de « croupe au mur ».

Toute la difficulté de ces voltes réside dans la nécessité, pour le cavalier, de voir le terrain à parcourir, d'y diriger le cheval, en l'absence de points de repère, et de maintenir aux épaules, comme aux hanches, la position que réclame l'attitude oblique du cheval, tout en conservant à l'encolure son pli et sa légèreté.

Demi-voltes, avec croupe en dedans, et croupe en dehors.

La demi-volte, avec croupe en dedans, ou en dehors, ne diffère de la demi-volte ordinaire « de deux pistes » qu'en ce que la croupe est rangée en dedans ou en dehors, pendant le trajet du cheval sur la courbe de départ.

L'attitude préalable est la même que pour la volte, avec croupe en dedans, ou en dehors.

Dès que le cheval ayant terminé sa demi-volte, s'engage sur la diagonale de retour à la piste, le mouvement reprend, suivant les règles du changement de main diagonal « de deux pistes ».

Demi-voltes renversées, avec croupe en dedans, et croupe en dehors.

Les observations qui précèdent s'appliquent à la demi-volte renversée, avec croupe en dedans, ou en dehors.

Il est donc inutile d'insister sur l'exécution de ces figures de manège.

Observations sur le travail au pas.

On ne saurait trop appeler l'attention du cavalier sur la différence absolue qui doit exister entre le travail au pas, dans la mise en main, et la marche libre.

Il ne faut pas au cheval de demi-repos et de demi-mise en main, de moyennes, de compromis entre l'exigence complète et l'absence de toute exigence.

Que durant la marche au repos, le cavalier soit en contact léger avec la bouche du cheval par l'intermédiaire des rênes de filet, rien de mieux et de moins difficile. Mais, dans tous les cas, le cheval doit pouvoir différencier nettement le vrai travail de ce qui ne l'est pas.

Si le cavalier reste toujours fidèle aux principes de justice distributive qui, en équitation comme ailleurs, sont la base de toute moralisation, il façonnera en quelques semaines ses chevaux de dressage à aimer l'homme, à subir son joug sans difficultés, et à se conformer avec empressement à ses intentions discrètement exprimées.

Principe essentiel : le travail au pas, dans la mise en main, veut, pour être bien fait, que l'allure soit lente, en quelque sorte majestueuse.

La mise en main parfaite ne doit pas être maintenue au delà de quelques minutes.

Le cavalier récompensera le cheval, après tout travail

bien exécuté, tel qu'un changement de main diagonal de deux pistes, ou un tour de manège avec tête au mur ou croupe au mur, par la descente de mains, puis de jambes, ou bien, en lui accordant un court repos après l'arrêt.

M. Marey a démontré expérimentalement qu'un muscle contracté sous l'action d'un courant nerveux continu, s'épuise et devient assez rapidement insensible à l'excitation nerveuse.

Ce grand physiologiste a observé également qu'après un court repos, le muscle a repris toutes ses propriétés contractiles.

En gymnastique — et l'équitation est la gymnastique hippique par excellence — l'empirisme enseignait, bien avant les expériences de M. Marey, que les mouvements énergiques avaient besoin d'être entrecoupés de fréquents repos, sous peine de dégénérescence.

Il est donc rationnel, à quelque point de vue que l'on se place, de faire suivre tout travail intensif du cheval par un repos.

Cette conclusion s'applique tout particulièrement au travail que l'on fait au pas, parce qu'à cette allure, peu fatigante lorsqu'on laisse le cheval marcher librement, le cavalier a une tendance à lui demander une longue série de mouvements, dans la mise en main, sans songer à le récompenser par des repos fréquents.

CHAPITRE III

TRAVAIL AU TROT

Dans les pays occidentaux, pourvus d'un riche réseau routier, le trot est l'allure des parcours longs et rapides.

Un bon cheval de selle peut franchir dix lieues en quatre heures de route et recommencer les jours suivants, sans fatigue exagérée, pourvu que son maître sache régler l'allure et soit capable de discerner le nombre et la durée des reprises de pas que nécessite le jeu régulier des poumons.

L'écueil des temps de trot prolongés réside beaucoup moins, en effet, dans l'épuisement musculaire que dans l'essoufflement.

Il faut donc intercaler des reprises au pas entre les reprises au trot, et la durée, comme la fréquence de ces repos relatifs, devront varier en raison de la vitesse du trot.

Cela nous amène à dire que, pour aller loin et vite, il faut adopter un trot calme, à peu près normal, maintenu à la vitesse de 240 mètres environ à la minute. En outre, le cheval au « trot de route » devra jouir d'une entière liberté d'encolure, condition indispensable d'économie dans le travail de progression.

Ces considérations abrégées nous amènent à conclure que le cheval de service, destiné à la selle, doit avoir été habitué à régler son trot, au gré du cavalier, sans qu'il ait été besoin de l'enrêner et doit offrir également, sous le rapport de l'équilibre, les garanties de sécurité désirables.

L'emploi des jambes aux sangles, très loin des sangles, ou dans une attitude intermédiaire, donne au cavalier la facilité de ralentir, d'accélérer ou de maintenir le trot, sur le rythme voulu, en laissant le cheval libre de ses mouvements et en lui abandonnant, par conséquent, le choix des moyens.

Indépendamment de l'action des jambes pour ralentir, accélérer ou maintenir le trot à la vitesse choisie, le corps, par ses déplacements moelleux en arrière ou en avant, joue un rôle important.

Le plus souvent même, l'accélération du trot s'obtient par un léger transfert en avant du centre de gravité du cavalier.

Il en résulte que le centre commun de gravité de l'homme et du cheval est déplacé dans le sens du mouvement et provoque ainsi un accroissement de vitesse.

Inversement, une retraite de corps aide puissamment au ralentissement de l'allure.

Passer du pas au trot libre.

Le cheval, au pas libre, passe au trot libre, à la suite d'un léger frôlement des jambes, d'avant en arrière, sur les flancs, secondé par une faible inclinaison du corps en avant.

Dès que le cheval s'est embarqué au trot libre, le cavalier règle le rythme de l'allure en se servant des jambes aux sangles et, s'il le faut, en serrant légèrement les doigts qui tiennent les rênes.

Une fois le cheval à un trot calme, les jambes se desserrent par degrés, sans toutefois quitter le contact, et les rênes redeviennent flottantes.

Passer du trot libre au pas libre et à l'arrêt.

Pour faire passer le cheval du trot libre au pas libre, le cavalier serre les jambes près des sangles, prononce le mot « ho...là » sur l'intonation que nous avons déjà cherché à expliquer pour l'arrêt du cheval marchant au pas, et tire sur la crinière.

Il est rare qu'après deux ou trois essais de cette nature le cheval n'exécute pas très volontiers le passage du trot au pas, sans le secours des rênes.

En serrant les jambes plus énergiquement encore, en accentuant le « holà », et en tirant plus fortement les crins, le cavalier fait passer directement son cheval du trot à un arrêt presque court. Dans ces conditions, il n'éprouve pour ainsi dire aucune secousse, tellement le cheval, livré à ses propres moyens, est habile à amortir son travail d'impulsion.

Il va de soi que tout arrêt exécuté de cette façon doit être suivi aussitôt d'un repos complet.

Mise en main.

La mise en main s'obtient, au trot, par les mêmes procédés qu'au pas.

Le cavalier, nous l'avons déjà montré dans la première partie, ne peut et ne doit exiger la mise en main qu'au trot lent ou, tout au plus, au trot normal.

Dans la limite comprise entre un trot lent, ou petit trot, et le trot normal, le cheval, dans la mise en main, accélère ou ralentit sa vitesse sous l'influence d'un frôlement, ou d'un serrage des jambes, combiné avec un léger déplacement du centre de gravité en avant ou en arrière.

De même aussi, le cheval passe au pas et à l'arrêt, sans cesser d'être dans la mise en main, à la suite d'un effet d'ensemble convenablement nuancé.

Le cavalier délasse fréquemment son cheval, soit par une descente de main, tout en continuant à le laisser trotter, soit en le faisant passer au pas ou à l'arrêt puis au repos complet.

Du trot enlevé.

Nous n'avons pas voulu jusqu'ici mêler la théorie du trot enlevé aux règles de conduite du cheval au trot, afin de ne pas compliquer un exposé de principes équestres par la description d'un exercice de pure gymnastique.

Le trot enlevé dit « à l'anglaise » est, en effet, indépendant du jeu des aides. Il est basé uniquement sur un artifice d'assiette, consistant à éviter une réaction sur deux pendant que le cheval trotte.

Le cavalier, au trot enlevé, se laisse retomber sur la selle à l'instant qui suit l'arrivée d'un bipède diagonal sur le sol, est soulevé par ce même diagonal au moment de la détente qui précède son départ, se maintient au-dessus de la selle pendant que l'autre diagonal est à l'appui et, enfin, subit la réaction du diagonal qui l'a enlevé.

Il résulte de là qu'au trot enlevé, le cavalier trotte exclusivement sur un bipède diagonal auquel il donne toute la peine, pendant que l'autre diagonal n'a qu'à faire mouvoir la masse du cheval.

Le trot enlevé soulage donc énormément le diagonal sur lequel le cavalier ne trotte pas, mais il tend à fatiguer le diagonal sur lequel il trotte.

Pour ce motif, il faut changer fréquemment de diagonal, de façon à répartir également le travail entre les quatre membres.

En principe, le cavalier qui trotte à l'anglaise, à main droite, ou en tournant à droite, doit trotter sur le diagonal gauche et, par conséquent, décharger le diagonal droit. A main gauche, ou tournant à gauche, ce sera l'inverse.

Cette règle, connue empiriquement et de longue date par de nombreux hommes de cheval, est basée sur l'examen réfléchi des conditions du mouvement de conversion d'un cheval au trot.

Le cheval tournant à droite (gauche) se pousse de ce

côté avec ses deux pieds gauches (droits), mais celui des deux qui travaille le plus est sans contredit le postérieur. C'est donc celui-là qu'il faut soulager en trottant sur le diagonal auquel appartient l'autre postérieur.

Le cavalier qui a le sentiment des appuis antérieurs n'éprouve aucune difficulté à sentir sur quel diagonal il trotte. De même, sans entrer dans des détails d'exécution, il apprend très vite à changer de diagonal, soit en redoublant une réaction, soit, après avoir subi un certain nombre de réactions successives, en choisissant le diagonal sur lequel il veut trotter.

Le trot enlevé exige que le cavalier escamote une réaction sur deux. Il y parvient en portant le haut du corps un peu plus en avant que de coutume, en prenant un point d'appui sur les genoux et les étriers, enfin en imprimant au bassin un mouvement particulier de translation en avant. Ces diverses combinaisons du corps et des jambes coïncident avec la fin de la suspension qui suit l'action de détente du diagonal sur lequel s'exécute le trot enlevé.

Le principe général d'économie des efforts indique que le mouvement ascensionnel du cavalier, après chaque temps de trot enlevé, doit être aussi faible que possible. Le bon goût est d'accord, en cela, avec la meilleure condition d'emploi. Aussi n'a-t-on pas assez de sarcasmes pour ridiculiser ces cavaliers qui semblaient vouloir s'envoler après chaque temps de trot à l'anglaise.

A l'époque où le trot enlevé était sévèrement proscrit dans la cavalerie française, on a cité des cavaliers émérites, Raabe entre autres, qui ont parcouru nombre d'étapes, au trot enlevé, sans que personne ne se soit aperçu de la supercherie.

Le grand trot, à cause de ses fortes détentes suivies de longues suspensions, est beaucoup plus favorable au trot enlevé que les trots moyens.

On peut encore trotter à l'anglaise au trot normal ; c'est la limite inférieure.

Les trots lents ou petits trots francs, dont les périodes de suspension sont très courtes, ne comportent pas « l'enlevé » et veulent que le cavalier trotte assis.

Au nombre de ces trots, on peut ranger celui que la cavalerie prend d'elle-même lorsqu'elle évolue à travers champs ou bien qu'elle parcourt, dans un but de manœuvre, de longs espaces en terrains variés.

Les évolutions du camp de Châlons, en selle nue, ne peuvent donner la juste notion des allures de manœuvre. Pour les bien saisir, il faut suivre un grand corps de cavalerie en tenue de campagne, pendant qu'il parcourt trois ou quatre kilomètres, au trot, dans des terres labourées.

En route, au contraire, le cavalier fera du « trot enlevé » parce que son cheval, marchant en ligne droite sur une surface plane et résistante, à une allure voisine du trot normal, est à même d'en éprouver un réel soulagement.

TRAVAIL D'UNE PISTE

Les diverses figures de manège, que nous avons décrites dans le chapitre consacré au travail au pas, doivent être répétées, à l'allure du trot libre ou du trot avec mise en main, à titre de moyens d'assouplissement du cheval.

Nous n'y reviendrons pas.

Au trot, comme au pas, le jeu des membres postérieurs et, en général, de l'arrière-main, est commandé par les jambes du cavalier, agissant, chacune, à l'instant où l'antérieur, du même côté, est à terre.

Cette règle découle du mécanisme du trot.

La pirouette, au petit trot, dans la mise en main, étant un des mouvements les plus délicats de l'équitation, il sera bon de n'en demander l'exécution qu'à la fin du dressage.

TRAVAIL DE DEUX PISTES.

Les mouvements de deux pistes, détaillés dans le chapitre II relatif au travail au pas, conviennent également bien à l'allure du trot, sous la réserve que cette allure soit prise sur un rythme un peu lent, que le cavalier reste bien assis et que le cheval travaille dans la mise en main la plus parfaite.

Le jeu des aides dans le travail de deux pistes, au trot, est le même qu'au pas.

La seule différence, pouvant embarrasser parfois le cavalier, résulte de la rapidité plus grande des effets de mains et de jambes.

Le travail au trot de deux pistes, en général, et les exercices de croupe en dehors, tout particulièrement, ont pour résultat d'engager progressivement l'arrière-main du cheval.

L'engagement de l'arrière-main prédispose à la cadence et amène, comme une suite obligée, le départ au petit galop.

C'est ainsi qu'il arrive, au moment où l'on s'y attend le moins, que le cheval, au trot de deux pistes, s'enlève au petit galop et continue, à cette allure, le mouvement commencé.

Le petit galop qui naît, spontanément, au cours d'un bon dressage, a fait dire à Raabe : « Le galop vient de lui-même. »

CHAPITRE IV

TRAVAIL AU GALOP

Si le pas est « l'allure de toujours », suivant l'expression arabe, et le trot, l'allure des longs parcours rapides, le galop est l'allure par excellence de la vitesse.

Il ne faudrait pas conclure, de la faculté que possède le cheval de galoper très vite, que le grand galop doive être la forme exclusive de l'allure.

Le galop présente des degrés de vitesse en nombre infini, depuis le petit galop rassemblé sur place jusqu'au grand galop de course.

Chez le cheval de service, et spécialement de cavalerie, le galop rapide n'est pas à cultiver comme moyen d'éducation et de dressage.

Tout bon cheval galope vite, par destination. L'important est de l'habituer à devenir maître de son impulsion et à prendre l'équilibre le mieux approprié aux circonstances de terrain et de vitesse, avec un cavalier sur le dos.

Pour le cheval monté aux allures vives, comme pour le gymnaste dans les exercices d'agilité, l'idéal est d'arriver à être maître de son corps.

Aux allures lentes, le cheval se meut en tous sens avec

une facilité relative, en dépit de la gêne résultant du poids du cavalier ; mais, lorsque la vitesse est considérable, il faut que l'exercice l'ait méthodiquement préparé à faire le meilleur usage de ses membres, soit pour amortir l'impulsion, soit pour obéir aux ordres du cavalier sollicitant des mouvements latéraux.

Ces considérations nous font attribuer une importance majeure aux exercices d'accélération et de ralentissement du galop, que dirige le cavalier en laissant au cheval une liberté d'encolure aussi grande que possible et en se servant des jambes comme organes de transmission de sa volonté.

Ainsi commandé, le cheval prend de lui-même l'attitude la plus favorable à l'exécution de l'ordre et emploie ses membres au mieux des circonstances, sans jamais redouter la douleur et, par suite, la gêne qui résulterait pour lui d'une main rigide.

C'est le cheval qui marche, qui trotte, qui galope et qui saute, et non pas nous.

Toute action du cavalier qui tend à paralyser le jeu naturel des membres et du corps est nuisible.

Or, l'enrênement, aux allures vives, enlève à l'encolure les moyens de jouer son rôle de balancier ; il a encore pour effet désastreux d'empêcher les postérieurs de s'engager sous la masse, quand il le faudrait, pour venir au secours de l'avant-main.

Le rôle du cavalier doit donc consister, surtout aux allures rapides, à obtenir l'obéissance du cheval dans le sens voulu, tout en lui laissant le choix et l'entière disposition des moyens.

En comprenant ainsi l'équitation, on fait du cheval un instrument actif, qui met sa volonté au service de la nôtre, mais qui fait preuve, aussi, d'initiative, dans le sens de nos intentions clairement exprimées.

Ce concept de l'équitation suppose le cheval discipliné, c'est-à-dire convaincu de l'inanité de toute tentative de résistance aux ordres de son maître et, en outre, habitué à trouver sa récompense dans l'exécution franche et libre de ces mêmes ordres.

Les procédés de dressage que nous préconisons remplissent ce double but, puisqu'ils apprennent au cheval à connaître la puissance de la jambe armée de l'éperon et qu'ils lui font apprécier le bien-être toujours accordé après l'exécution d'un ordre donné avec justice et justesse.

En résumé, le cheval qui sait galoper lentement ou vite, au gré du cavalier, tout en restant souple et léger, est capable de soutenir un galop allongé sur un parcours, en rase campagne, de plusieurs kilomètres, sans dépenser des forces inutiles, par suite, sans s'essouffler prématurément, en conservant, même à cette allure, toute sa légèreté et en restant toujours apte à modifier sa vitesse ou le sens du mouvement.

Tel doit être le cheval de guerre.

Une cavalerie dont les chevaux rempliraient les conditions que nous venons d'énoncer porterait en elle le germe d'éclatants succès sur les champs de bataille de l'avenir.

Effets produits par les aides sur le branle du galop.

Avant d'entrer dans le détail des actions qu'emploie le cavalier pour faire passer son cheval du trot au galop et lui demander, à cette dernière allure, les mouvements d'une et de deux pistes, etc..., nous croyons utile de jeter un coup d'œil d'ensemble sur certains effets des aides du cavalier, à l'allure du galop, qui exercent sur le mécanisme de cette allure une influence telle que le sens du « branle » peut en être interverti.

Nous avons cherché à démontrer, dans le chapitre II, qu'un cheval travaillant dans la mise en main à droite devait présenter un léger pli à droite.

Tant que le pli de la tête n'a pas pour conséquence de faire incurver l'encolure, ce pli n'amène pas de surcharge sur l'antérieur opposé, mais on a vu, au chapitre II, qu'un pli accentué de l'encolure à droite, par exemple, a pour résultat de surcharger l'antérieur gauche.

Lorsque le cavalier se penche à droite, il surcharge les deux membres droits, et, s'il se penche à gauche, c'est le latéral gauche qui supporte une surcharge.

Admettons qu'un cavalier exagère le pli à droite et se penche à droite ; voyons quels sont les membres les plus surchargés par ce double effet.

Le pli à droite surcharge l'antérieur gauche.

La pesée plus forte à droite surcharge l'antérieur droit et le postérieur droit.

La surcharge réelle d'un des membres antérieurs sera la différence entre la surcharge à gauche provenant du pli et la surcharge à droite produite par l'assiette. Cette différence, en admettant un pli très prononcé, sera en faveur d'un surpoids pour l'antérieur gauche.

Il résulte de là que le pli accentué à droite et une forte pesée sur l'ischion droit déterminent une surcharge du diagonal gauche.

Inversement, un pli du même genre, à gauche, concordant avec une forte pesée sur l'ischion gauche, ont pour résultat de surcharger le diagonal droit.

Ces constatations ont leur importance.

Dans le galop en trois temps à droite, les battues s'exécutent, on le sait, dans l'ordre suivant :

1° Postérieur gauche ;
2° Diagonal gauche { antérieur gauche, postérieur droit ;
3° Antérieur droit.

A ce branle de galop, le diagonal droit est dissocié, alors que le diagonal gauche, associé, au contraire, fait des battues synchrones et forme des bases égales à la distance des centres de mouvement (Voir à la première partie, chapitre II).

L'équilibre du cheval est évidemment très stable sur une base diagonale et devient tout à fait instable dès que le corps n'est supporté que par un pied.

Les ressources statiques que sait puiser le cheval dans les combinaisons d'appui de ses quatre membres lui ont indiqué les bases tripédales du galop en trois temps, comme moyen d'atténuer le travail excessif des membres du diagonal dissociés qui sont appelés à supporter momentanément tout le poids du corps.

Nous avons désigné, dans la première partie, sous le nom de diagonal central, le bipède diagonal qui marque le deuxième temps du galop.

Le diagonal central du galop est comme un piédestal momentané auquel s'appuient successivement les membres dissociés de l'autre diagonal.

On conçoit, dès lors, que toute action extérieure intervenant, pendant le galop à trois temps, pour surcharger un des bipèdes diagonaux, doive déterminer l'association immédiate des membres de ce bipède, si elle n'existe déjà, afin de leur permettre de rétablir l'équilibre compromis.

Si donc, une surcharge se produit, par le fait du cavalier, sur le diagonal gauche (antérieur gauche-postérieur droit) pendant le galop à gauche, au moyen d'un pli prononcé à droite et d'une forte pesée du même côté, le cheval associera, dès qu'il le pourra, les deux membres du diagonal gauche, pour faire face à cette surcharge, et, par conséquent, dissociera le diagonal droit, dont les efforts sont moindres. En un mot, le cheval changera le branle du galop, « changera de pied ».

Dans le cas où le cheval, faute d'avoir été assoupli, présente au cavalier une encolure se mouvant d'une seule pièce, la surcharge de l'antérieur gauche, par exemple, s'obtient par un effet latéral gauche. Ainsi, la rêne gauche, qui attire latéralement une encolure rigide, produit un effet de surcharge analogue à celui du pli à droite chez un cheval mis.

Le mécanisme des aides, par effet latéral gauche et pesée à droite, est enseigné aux apprentis de l'équitation pour embarquer leur cheval au galop à droite. Au contraire, le bon cavalier provoque le départ au galop à droite par un effet diagonal droit, comportant un fort pli à droite, aidé d'une pesée, en arrière et à droite, sur l'ischion droit.

Dans l'un et l'autre cas, c'est le diagonal gauche (antérieur gauche-postérieur droit) qui est surchargé, par conséquent, voué au rôle de diagonal central, et c'est au diagonal droit (postérieur gauche-antérieur droit) qu'est échue la dissociation des battues.

Le cheval étant au galop à gauche, en trois temps, par exemple, si le cavalier surcharge l'antérieur gauche par une exagération du pli à droite, ou par un effet latéral gauche, et porte en même temps le poids de son corps vers la gauche, les membres du diagonal gauche ne peuvent plus suffire, en s'associant, à rétablir l'équilibre, et il y a formation d'une base latérale gauche comme deuxième temps d'un galop désuni.

On dit alors que le cheval a changé de pied « du devant ».

La même variation de mécanisme se constate lorsque le cheval, au galop à gauche, tourne à droite à une vitesse un peu trop grande. Forcé de lutter contre la force centrifuge qui tend à le rejeter à gauche, le cheval, dans ces conditions, change de pied « du devant » afin de pouvoir s'étayer, à gauche, avec les deux membres du latéral gauche prenant terre simultanément.

Les mêmes causes produisent des effets identiques, mais en sens inverse, quand le cavalier surcharge le latéral droit, au galop à droite, ou lorsque la force centrifuge repousse fortement le cheval vers la droite.

Pour ne pas compliquer la discussion qui précède, nous avons omis, avec intention, d'y faire entrer les effets produits par les jambes du cavalier.

Cette lacune sera comblée plus loin, lorsque nous traiterons du jeu des aides, à l'allure du galop en trois temps.

Sentiment des appuis, au galop.

Au galop en trois temps, l'assiette du cavalier éprouve des sensations analogues à celles du pas et du trot, au moment où un pied antérieur prend terre. En outre, l'allure étant plus rapide et comportant une suspension plus longue à la suite du troisième temps, le haut du corps est sollicité tantôt en avant, tantôt en arrière, suivant que le cheval se reçoit sur les antérieurs ou se pousse avec les postérieurs.

Le cavalier peut ne pas quitter la selle après la suspension de la masse, mais, s'il la quitte, c'est dans le moment qui suit le premier temps d'un nouveau pas, en vertu de l'inertie.

Le mouvement de corps du cavalier, d'arrière en avant, commence après la première battue et s'accentue beaucoup pendant le deuxième temps, formé par l'appui du bipède diagonal central. Vers la fin de cet appui, le cavalier, s'il a quitté la selle, y retombe, puis le haut de son corps est rejeté un peu en arrière, par inertie. au moment où se produit une nouvelle impulsion.

Indépendamment des mouvements du buste en avant et en arrière, le cavalier éprouve une légère torsion sur les hanches, l'épaule, du côté où un antérieur vient de prendre terre, étant sollicitée en avant, par suite de l'inertie. Les cuisses et les jambes participent, dans une certaine mesure, au mouvement de torsion du corps, et le cavalier sent, à chaque appui d'un membre antérieur, la cuisse et le genou, du même côté, entraînés en avant. Cet effet est sensible, principalement à l'instant qui suit la troisième battue, car le membre antérieur qui forme cette battue, piquant le sol pour relever la masse, provoque chez celle-ci un ralentissement que le corps du cavalier ne partage pas, tout d'abord.

Galop par accélération du trot libre.

Le cheval marchant au trot, à main droite, par exemple, le cavalier profite du passage d'un coin pour embarquer son cheval au galop à droite, en ayant soin de provoquer le changement d'allure, par un appel de langue ou un jeu de jambes loin des sangles, pendant que le diagonal gauche est à terre.

Au passage d'un coin, le corps du cheval est légèrement ployé ; en outre, son arrière-main s'engage, pour faire décrire à l'avant-main une courbe plus large. Il résulte de ces dispositions que le cheval prend alors le galop très facilement, pour peu qu'on l'excite.

Une fois son cheval au galop, le cavalier règle l'allure, en serrant les jambes, plus ou moins fortement, et plus ou moins loin des sangles. Le ralentissement s'obtient au galop, comme à toutes les allures, par le serrage des genoux et la pression des jambes aux sangles, avec cette particularité, que l'action prédominante doit se faire sentir chaque fois que s'exécute le troisième temps du galop. En effet, la pression des jambes près des sangles, à l'instant de la troisième battue, correspond à la période en l'air des deux membres postérieurs. Ceux-ci sont attirés en avant par l'action des jambes du cavalier et posent plus loin qu'ils ne l'eussent fait en l'absence de tout effet de jambes. Ils s'engagent donc davantage et sont, par suite, mieux disposés que précédemment pour agir dans le sens vertical, voire même, d'avant en arrière comme agents de répulsion.

Mise en main.

Le travail de mise en main, au galop, suppose qu'au préalable le cavalier a su modérer, au moyen des jambes, la vitesse de l'allure pour qu'elle soit inférieure ou, tout au plus, égale à celle du galop normal.

La pression des jambes, un peu en arrière des sangles, accompagnée d'une action des rênes de bride égale et non supérieure à la résistance de la bouche, persiste et grandit jusqu'à ce que le cheval ait donné une mise en main.

Au début, le cavalier récompense le cheval, après toute mise en main, par une descente de main et une descente de jambes.

Plus tard, la mise en main se conserve, ou du moins alterne, à intervalles rapprochés, avec quelques périodes de contracture. Celles-ci deviennent de moins en moins fréquentes et de moins en moins longues lorsque les jambes sont attentives à « faire tomber la tête », selon l'expression familière de Raabe, toutes les fois que l'encolure se redresse.

Arrivé à ce point du travail au galop, le cavalier accorde des repos complets de temps en temps, et, toujours, un demi-repos (en desserrant un peu les doigts et les jambes), après une mise en main.

Le galop léger, liant, dans la mise en main, est une allure si douce, si moelleuse, si agréable, que le cavalier doit réagir contre sa tendance bien naturelle à prolonger plus qu'il ne convient le plaisir qu'il éprouve.

Surtout avec un jeune cheval, une reprise de galop, au manège, ne doit pas durer plus de cinq minutes et, dans une séance, il vaut mieux galoper quatre ou cinq fois, pendant deux ou trois minutes, en tout dix à quinze minutes, que de consacrer la même somme de temps à l'exécution d'une ou deux reprises de galop.

Galop en cercle.

Le galop en cercle assouplit le cheval, en le forçant à se ployer et à varier l'inclinaison de son corps suivant le rayon du cercle et la vitesse de l'allure.

Généralement, on commence le galop sur un cercle dont le rayon correspond à la largeur du manège. Plus tard, le rayon du cercle est réduit, progressivement, jusqu'à 5 ou 6 mètres.

On profite du galop en cercle pour apprendre au cheval à ralentir son galop, dans la mise en main, puis à conserver son galop ralenti pendant les repos plus ou moins complets que le cavalier lui accorde après de bonnes mises en main.

Galop libre ralenti.

Le cheval au galop libre ralenti ne se maintient à cette allure que si le cavalier sait se lier aux mouvements de sa monture, en conservant une grande fixité d'assiette, et tient les jambes près, c'est-à-dire au contact, plus ou moins en arrière des sangles.

Si, abusant un peu de la liberté qu'on lui accorde, le cheval bondit ou bourre, le cavalier serre les jambes aux sangles, s'il le faut jusqu'à l'éperon, et tire sur la crinière, mais n'a recours aux rênes que si le désordre est grave.

Lorsque après cinq ou six tours sur le cercle, le cheval a pris un galop calme, dans la mise en main, puis au repos, le cavalier l'engage par une tangente sur la piste et lui laisse achever un tour de piste en se servant des aides le moins possible.

Du galop, au trot, au pas et à l'arrêt.

Pour passer au trot, puis au pas, enfin à l'arrêt, étant au galop libre, le cavalier n'a qu'à serrer les jambes aux sangles, s'incliner légèrement en arrière, en disant : ho... là, et tirer en même temps la crinière. Si ces actions de ralentissement succèdent à un travail un peu sévère, le cheval s'arrête trop bien, en ce sens que du galop, il passe parfois à l'arrêt, presque sans transition. Même dans les arrêts courts, au galop, faits librement par le cheval sur une simple indication, le cavalier n'éprouve pas plus de secousse qu'un voyageur assis sur la banquette d'un wagon, à l'arrêt du train.

Il faut que le cavalier nuance ses indications de ralentissement, étant au galop libre, suivant qu'il veut passer au trot, au pas, ou à l'arrêt immédiat.

Accélérer et ralentir.

Les accélérations et les ralentissements du galop peuvent s'obtenir, dans une certaine mesure, au moyen des jambes secondées par la voix et des caresses sur la crinière ; mais, en principe, l'action combinée des jambes et des rênes permet, seule, d'entretenir le galop à différents degrés de vitesse.

Le galop allongé nécessite l'emploi discret du filet, à l'exclusion de la bride, et réclame une position du cavalier en rapport avec la vitesse de l'allure. En effet, plus la vitesse est grande, plus le centre de gravité du cheval se porte en avant et, par suite, plus le centre de gravité de l'homme doit se déplacer dans le sens du mouvement.

Ordinairement, le bon cheval fait comprendre au cavalier, pour peu que celui-ci ait du tact, que son attitude au galop allongé est vicieuse ou convenable.

Si le poids est trop en arrière, le cheval contracte le rein et galope durement ; si, au contraire, le centre de gravité de l'homme correspond à celui du cheval (l'un et l'autre sur la même verticale), les foulées du grand galop s'exécutent moelleusement.

Le passage du galop allongé au galop normal et au petit galop doit être sollicité avec mesure, dans le but de ménager les membres.

On ne peut pas demander le grand galop dans un manège. Ce genre d'allure exige des parcours en ligne droite, ou à peu près.

Les accélérations et les ralentissements du galop, au manège, seront donc compris entre un galop gaillard libre, un peu plus rapide que l'allure normale, et le petit galop le plus lent qu'il sera possible d'obtenir.

Départs au galop.

Dans la première partie, nous avons expliqué le mécanisme des différents départs au galop. Nous avons également indiqué, pour chaque genre de départ, le moment le plus favorable à l'action du cavalier. Il nous reste à préciser le jeu rationnel des aides, dans le départ au galop, en partant du trot, du pas et de l'arrêt.

1° *En partant du trot.* — Quand il s'agit d'embarquer le cheval au galop à droite (gauche), la demande doit être faite pendant que le bipède diagonal gauche (droit) est appuyé.

En effet, pendant son appui sur le diagonal gauche (droit), le cheval peut dissocier le diagonal droit (gauche), alors en mouvement, et se préparer à marquer le premier temps d'un pas de galop avec le postérieur gauche (droit).

Mais, pour que le cavalier puisse faire agir ses aides avec précision, c'est-à-dire au moment opportun, il faut qu'il les ait disposées, un peu à l'avance, à leur poste d'action, car la rapidité des mouvements du trot ne lui permettrait pas de faire la demande, à l'instant propice, avec le moelleux désirable. Après ce que nous avons dit du moment de la demande et de l'influence du pli, ainsi que de l'assiette, sur le branle du galop, le jeu des aides, dans le cas présent, se devine.

La jambe gauche (droite), agissant par glissement d'avant en arrière, provoquera la détente du postérieur gauche (droit), pendant qu'un pli à droite (gauche) un peu accentué, et une pesée du corps en arrière et à droite (gauche), contribueront à surcharger le diagonal gauche (droit) qui doit jouer le rôle de diagonal central.

Pratiquement, le cavalier donne progressivement le pli à droite (gauche) pendant les deux ou trois temps de trot qui précèdent le départ au galop. En même temps, il serre davantage la jambe droite (gauche) un peu en arrière de la sangle pour entretenir la légèreté de l'avant-main et empêcher la croupe de se jeter à droite (gauche), et pèse sur l'ischion droit en portant le haut du corps un peu en arrière. Alors seulement, la jambe gauche se glisse en arrière, au moment favorable, comme agent décisif d'impulsion, et provoque le changement d'allure.

2° *En partant du pas.* — Le jeu des aides, pour passer directement du pas au galop, est le même que ci-dessus, mais le cheval ayant besoin, à l'allure du pas, de remplacer la vitesse, que lui procurait l'allure du trot, par un engagement plus prononcé de l'arrière-main qui doit soulever la masse au départ, le cavalier se voit forcé d'augmenter « le renfermer », autrement dit, l'action des jambes aux sangles et celle des rênes.

La jambe gauche, en se glissant en arrière, au moment de l'appui de l'antérieur gauche (droit), pour le départ au galop à droite (gauche), donne le branle.

Il arrive souvent, au début de ce travail, que le cheval n'entame pas le galop à droite (gauche) sur la première demande de la jambe gauche (droite) du cavalier.

Cette jambe renouvelle alors son action de frôlement très en arrière, au moment de l'appui suivant de l'antérieur gauche (droit), et, s'il y a lieu, d'un troisième appui du même pied.

Le cavalier éprouve alors dans son assiette des sensations toutes particulières. Pendant les deux ou trois pas de préparation qui précèdent le départ franc au galop à droite (gauche), les membres postérieurs, excités par la jambe gauche, s'essaient à soulever le devant, en s'associant de plus en plus, comme si le postérieur droit (gauche), malade, avait besoin d'être secouru par son congénère, ainsi qu'il arrive dans une boiterie.

3° *En partant de l'arrêt.* — Le procédé le plus généralement employé consiste à traverser le cheval, la croupe en dedans, et à provoquer le départ au galop par un effet de jambes.

Ce moyen s'emploie aussi pour passer du trot, ou du pas, au galop, et, si nous ne l'avons pas indiqué, c'est que le sentiment des appuis antérieurs permet tout aussi facilement le départ au galop en conservant le cheval droit.

Mais, lorsqu'on est de pied ferme, la difficulté augmente, et il n'est vraiment pas facile d'embarquer le cheval directement au galop sans le traverser un peu.

En traversant le cheval en dedans du manège, on place artificiellement le postérieur droit (gauche) en avant du gauche (droit), pour le préparer au départ au galop à droite (gauche), et cette préparation est justifiée par les règles mécaniques du départ au galop de pied ferme.

Si l'on veut obtenir le départ au galop à droite, le cheval restant droit, il faut, par un moyen quelconque, faire engager le postérieur droit (gauche) sous la masse avant de demander l'exécution.

La pression de la jambe droite (gauche), un peu en arrière de la sangle, est le moyen rationnel d'attirer ainsi le postérieur droit (gauche) ; mais, outre que ce procédé est quelque peu aléatoire, on constate le plus souvent que le pli et la pesée du corps à droite (gauche), suivis de l'action des jambes glissées très en arrière suffisent à provoquer le départ au galop à droite, de pied ferme.

Dans ces conditions, l'engagement du postérieur droit et l'enlever de l'avant-main par les deux postérieurs associés se suivent sans interruption sensible.

Dès que le cheval s'étend, en prenant appui sur ses pieds postérieurs, pour commencer un premier pas de galop, le cavalier rend la main et reporte son corps en avant, à la position qu'il conservera pendant l'allure.

Le pli n'est pas indispensable, au pas et au trot dans la mise en main, sauf quand le cheval décrit une courbe ; mais, au galop avec mise en main, il est convenable de donner un léger pli dans le sens de la main où l'on marche, et, en même temps, de peser un peu plus sur l'ischion du même côté. En agissant ainsi, on surcharge très légèrement le diagonal central et on évite que le cheval ne change de pied malgré nous.

Cette recommandation ne s'applique, bien entendu, qu'au galop avec mise en main. Lorsque le cheval est au galop allongé, le cavalier lui accorde sa liberté d'encolure, reste en contact léger avec sa bouche par les rênes de filet, et conserve le corps d'aplomb.

Changement de pied.

Les détails de mécanisme du changement de pied, au galop, que nous avons donnés dans la première partie, puis notre discussion sur le branle du galop influencé par le pli et les pesées latérales du cavalier, qui figure en tête du présent chapitre, nous dispensent de traiter la question du changement de pied avec de longs développements.

Le cheval étant au galop à gauche, dans la mise en main, avec un léger pli et un faible surpoids à gauche, le cavalier tient sa jambe gauche plus ou moins serrée, près de la sangle, et sa jambe droite un peu plus en arrière que l'autre dans le but d'entretenir l'impulsion.

Si le cavalier modifie le sens du pli, reporte une partie de son poids à droite, et inverse le jeu de ses aides inférieures, le cheval changera de pied, de gauche à droite. Mais l'ordre d'exécution devra parvenir au cheval à l'instant où il peut inverser l'attitude de ses membres postérieures. Il ne le pourra qu'après la deuxième battue, alors que les deux postérieurs sont en mouvement, et encore, faudra-t-il attendre que le postérieur droit ait parcouru une partie de sa course.

Pour cette raison, la demande d'exécution sera faite sur la troisième battue que l'assiette sent si bien.

Tous les cavaliers ne sont pas aptes à inverser le jeu de leurs aides, à l'instant précis de la troisième battue, outre que l'on peut difficilement changer le sens du pli avec la rapidité qu'exige l'inversion des aides. Cela est faisable avec des chevaux supérieurement mis et des cavaliers hors pair, mais, en général, il convient de décomposer de la manière suivante :

Le cavalier donne le nouveau pli et commence à peser davantage du côté où il veut faire changer de pied, puis il saisit l'instant d'une troisième battue pour intervertir l'action de ses jambes. Si le cheval change de pied difficilement, le cavalier accompagne l'inversion de ses aides inférieures d'un effet latéral obtenu par la rêne de bride, voire même de filet, s'ouvrant du côté opposé au nouveau pli.

Les premières demandes de changement de pied sont plus faciles à obtenir lorsque le cheval est près d'arriver au mur du manège, après un changement de main diagonal d'une piste. Les demi-voltes présentent également l'occasion de demander un changement de pied dans des conditions faciles.

Le changement de pied devient vite familier au cheval, qui le donne très moelleusement lorsque le cavalier le provoque avec tact et précision.

Cet exercice, un des meilleurs de la gymnastique hippique, ne remplit son but que si le cheval l'exécute comme en liberté, c'est-à-dire sans effort apparent et sans le moindre déplacement pour le cavalier.

Une fois que le cheval a bien compris le jeu des aides employées pour le changement de pied, on peut entamer le travail « de deux pistes » au galop.

Les contre-changements de main « de deux pistes » fournissent l'occasion de faire exécuter au cheval les changements de pied dits : « du tact au tact. » Les changements de pied sur la ligne droite forment le couronnement de cette instruction.

On les demande à des intervalles de plus en plus rapprochés, et il arrive un moment où le cheval peut devenir apte à changer de pied tous les trois pas, tous les deux pas, et enfin à chaque pas ; on dit alors que le cheval change de pied « au temps ».

Le changement de pied « au temps », dans la mise en main, constitue l'un des airs de haute école les plus brillants et les plus difficiles. Peu de chevaux sont susceptibles de le donner, quels que soient le fini de leur dressage et le talent du cavalier.

TRAVAIL D'UNE PISTE.

Le travail d'une piste, au galop dans la mise en main, doit être conduit avec mesure et modération.

Le cavalier accordera de fréquentes descentes de main et passera souvent au pas pour faire reposer son cheval.

La pirouette au galop exige une attention particulière. Ce mouvement, qui n'a rien de commun avec les pirouettes qu'exécutent certains chevaux de cirque, demande à être fait posément, au galop lent, et non comme un « tête à queue ».

Dans la pirouette au galop, le postérieur, du côté où le cheval tourne, forme pivot et marque ses foulées sur place.

On arrive à la pirouette en faisant exécuter au cheval des voltes à rayon de plus en plus réduit.

Le changement de pied s'impose à la fin d'une demi-pirouette exécutée sur la piste.

TRAVAIL DE DEUX PISTES.

Les principes du travail « de deux pistes », au pas et au trot, s'appliquent au galop.

Le cavalier exigera, dans ce travail, une mise en main parfaite, et il veillera au maintien d'un galop calme, plutôt lent que rapide. D'ailleurs, le cheval qui travaille « de deux pistes » ne peut exécuter qu'un petit galop, parce que ses membres, étant obligés de progresser obliquement, font des enjambées relativement peu étendues.

Arrêt court.

L'arrêt court au galop, nommé aussi « parade » ne présente aucune difficulté pour le cheval sensible aux actions de ralentissement des jambes du cavalier.

L'arrêt court n'est pas à cultiver, parce qu'il force le cheval à braquer ses membres sur le sol avec la plus grande énergie.

Il s'obtient par un vigoureux effet d'ensemble nécessitant l'emploi des éperons aux sangles. Mais, comme il peut se présenter telle circonstance où l'arrêt aussi instantané que possible peut conjurer un accident, il est bon de faire exécuter au cheval une « parade », de temps en temps.

Passer du reculer au galop.

Le cheval, dressé d'après les procédés que nous préconisons, recule avec la plus grande facilité.

Un tel cheval passe directement du reculer au galop, *sur le pied voulu*, avec moins de difficulté encore que de pied ferme.

Le cavalier habitué à faire reculer son cheval, en serrant alternativement ses jambes aux sangles à l'instant de l'appui de l'antérieur du même côté, choisit, pour demander le départ au galop à droite (gauche), le moment où le postérieur droit (gauche) est en avant de son congénère. Cet instant est celui où l'antérieur droit (gauche) prend terre en arrière de l'antérieur gauche à l'appui.

Si le cavalier donne alors l'action nécessaire, le cheval s'embarque au galop à droite (gauche) sans hésiter.

Le passage du reculer au galop, tendant à rejeter avec une certaine énergie le haut du corps du cavalier en arrière, par suite du renversement très rapide des progressions, il y a lieu, pour celui-ci, de lutter contre l'inertie, au départ, en portant le haut du corps un peu en avant, au moment où il détermine avec ses jambes le commencement du galop.

CHAPITRE V

SAUT ET TRAVAIL A L'EXTÉRIEUR

Le saut s'enseigne dans le manège.

Si nous l'avons accolé, dans ce chapitre, au travail à l'extérieur, c'est que nous considérons le saut, principalement, comme un exercice d'application en rase campagne.

Saut.

Pour ne pas trop alourdir un texte déjà chargé, nous ne nous étendrons pas sur l'enseignement du saut et nous renvoyons le lecteur, pour les détails de dressage à l'obstacle, à l'excellente brochure qu'a publiée sur cette question M. le comte Raoul de Gontaut-Biron (librairie Berger-Levrault, 1888).

Le mécanisme du saut a été traité par nous, d'abord dans la première partie, puis, dans ses rapports avec le cavalier, au commencement du chapitre Ier de la troisième partie.

Il suffit de songer au rôle purement passif du cavalier pendant l'exécution du saut pour se convaincre de cette vérité de La Palisse que, puisque c'est le cheval qui saute, le devoir du cavalier consiste à le gêner le moins possible.

Mais pour ne point gêner le cheval pendant le saut, il faut que le cavalier soit solide.

Nous en arrivons ainsi à dire que l'unique préoccupation du cavalier, au moment du saut, doit être de se lier au cheval par les jambes, par l'assiette, et de ne le contrarier en rien.

Avant et après le saut, le cavalier jouit de tous ses droits ; pendant, il n'est qu'un poids mort.

Certains auteurs ont prétendu que le cavalier devait enlever son cheval, avant le saut, et le recevoir dans les rênes, après.

De pareilles assertions ne résistent pas à l'examen du mécanisme et à l'observation directe. Pas plus après qu'avant le saut, le cavalier ne doit tirer sur les rênes.

Le saut est, en effet, le mouvement dans lequel le cheval a besoin de la liberté d'encolure la plus complète.

Le cavalier peut conserver l'usage ordinaire de ses aides jusqu'à ce qu'il ait engagé son cheval à courte distance de l'obstacle à franchir. Ensuite, il fait une descente de main, enveloppe son cheval depuis les talons jusqu'au bassin, s'affaisse un peu sur la selle pour être plus souple, et se prépare à faire les oppositions de corps, au départ et à l'arrivée, qui lui permettront de lutter contre l'impulsion des postérieurs, en deçà de l'obstacle, et contre la réaction sur les antérieurs, au delà.

On voit des jockeys s'enlever sur les étriers, un peu

avant le moment de l'impulsion du saut, et s'asseoir après la réaction consécutive à la suspension.

En agissant ainsi, ces jockeys évitent l'élévation du corps hors de la selle qui résulte de l'inertie, et ils soulagent l'arrière-main du cheval. Mais, si une semblable pratique est justifiée par les résultats d'hippodrome, il ne faut pas oublier que les courses d'obstacles se faisant ordinairement « dans le train », la position du cavalier très en avant s'accorde avec la vitesse de l'allure.

Au galop de chasse, il n'y a lieu de s'élever sur les étriers que si le cheval a la détente par trop dure ; encore est-ce là un palliatif peu recommandable.

Pour résister aux « coups de reins » de certains chevaux, pendant le saut, le mieux est de faire d'habiles oppositions de corps et de se lier au cheval par l'enveloppe.

Dès que l'obstacle est passé, et seulement après que le cheval a groupé ses quatre pieds au delà, le cavalier est autorisé à ajuster ses rênes et à reprendre le jeu des aides.

Travail à l'extérieur.

Le travail à l'extérieur est le corollaire obligé du travail de manège.

La question est trop vaste et embrasse des cas particuliers trop nombreux pour qu'on puisse la traiter en quelques pages. Ne voulant pas donner à ce livre une extension démesurée, nous nous bornerons aux simples indications suivantes :

Le travail à l'extérieur, qui comprend les promenades, les routes, les évolutions et les manœuvres militaires, les rallye-paper, les chasses à courre et au fusil, etc..., fournit au cavalier, devenu le maître absolu de son cheval grâce au travail de manège, l'occasion de constater, en maintes circonstances, la puissance énorme de l'éperon comme moyen de discipline.

Mais, l'équitation du dehors doit revêtir une forme beaucoup moins académique que l'équitation de manège. En plein air, il faut donner au cheval toute la liberté compatible avec notre sécurité, le surveiller toujours, et le diriger le plus souvent.

Pour nous, le cavalier, au travail à l'extérieur, sera en contact léger avec la bouche du cheval par l'intermédiaire des rênes de filet, et aura les jambes près, c'est-à-dire au contact, un peu en arrière des sangles.

De temps en temps, le cheval sera ramené avec mise en main, en guise d'avertissement, parce qu'il doit toujours se tenir prêt à obéir. Cette sorte de « garde à vous » de vigilance sera bientôt suivie d'un demi-repos volontairement accordé par le cavalier.

Enfin, il est bon de demander, une fois ou deux dans le cours d'une promenade, par exemple, et pendant quelques minutes seulement, un ou plusieurs mouvements de travail d'une ou de deux pistes, pour que le cheval sache bien qu'il doit être en tout, partout et toujours, aux ordres de son cavalier.

Le cheval bien assoupli au manège, léger à la main et aux jambes, marche tout seul quand il est monté à l'extérieur. Son maître n'a rien à faire qu'à indiquer le sens et la vitesse de l'allure. Ainsi monté, le cheval se fatigue peu et conserve les membres sains, en dépit des services et des années.

Que ce cheval ait une très longue randonnée à faire, son cavalier saura le soulager en marchant quelquefois à côté de lui, dans les descentes et les montées raides, principalement.

CHAPITRE VI

HAUTE ÉCOLE

Le public applaudit, au cirque, les acrobaties qu'exécutent les chevaux « montés en haute école » auxquels des dresseurs spécialistes ont appris un certain nombre de numéros.

Un cheval ainsi *mécanisé* ne saurait se passer de musique, ou plutôt, de sa musique.

On cite des compositeurs de talent qui écrivent... pour les chevaux.

Le cheval dit « de haute école » connaît cinq, six, huit, dix numéros qu'il exécute toujours dans le même ordre et sur un air de musique spécial.

La personne montée sur le dos d'un cheval « de haute école » remplit plutôt une mission de surveillance et d'excitation qu'elle ne joue de ses aides.

L'importance de la musique pour haute école est telle que la vente d'un *cheval à numéros* ne va pas sans la musique arrangée ou écrite spécialement pour lui.

Nous rendons hommage au talent de spécialisation qui permet aux écuyers et écuyères de cirque actuels d'obtenir avec leurs chevaux des résultats bien surprenants. Mais, le cheval disloqué n'est pas notre idéal, et nous pensons, avec Raabe, que la bonne et belle haute école réside surtout dans le travail de deux pistes aux trois allures normales.

Si l'on ajoute à ce travail le passage, le piaffer et le petit galop très rassemblé, on a la série complète des exercices de la « haute école moderne d'équitation ».

A l'époque la plus florissante de l'équitation académique, lorsque La Guérinière écrivait (1768) ses éléments de cavalerie, la haute école s'était enrichie — ou surchargée, — comme on voudra, — d'un grand nombre d' « airs de haute école » dits « relevés » ; nous en donnons plus loin la nomenclature.

Ces airs s'obtenaient avec les chevaux froids, lymphatiques, que les estampes du temps nous montrent aussi corpulents que mal bâtis.

Aujourd'hui, il faudrait plusieurs années d'un dressage méthodique et minutieux pour contraindre nos chevaux de sang à la capriole, au mezair, à la ballottade, etc...

Peut-être, les chevaux entiers de la compagnie des omnibus de Paris réussiraient-ils mieux ; mais personne n'a envie de recourir à l'élevage percheron pour se remonter en chevaux de selle.

Les écuyers de cirque, qui travaillent exclusivement pour le public, ont constaté depuis longtemps que les grandes extensions des membres antérieurs plaisent à la foule. Ils ont, par suite, cultivé le pas et le trot espagnols, jambette seule, ou bien jambette avec un enlevé de l'avant-main, etc., de façon à composer le plus grand nombre possible de « numéros ».

Peu à peu, on s'est habitué à considérer le travail hors la main, en extension, comme faisant partie de la haute école, et il y a, aujourd'hui, bon nombre d'hommes de cheval qui confondent le passage avec le trot espagnol, quand ils ne pensent pas que c'est tout un.

Quels gestes d'horreur feraient les grands écuyers français du siècle dernier s'ils voyaient assimiler à la haute école les exercices de cirque qui consistent à mettre le cheval à genou, à lui faire croiser les membres d'un bipède antérieur, ou postérieur, à la suite d'une pirouette renversée ou d'une pirouette, à le faire marcher sur trois pattes, à le faire cabrer droit comme un I, etc...!!

Pour notre part, nous traiterons du passage, du piaffer et du petit galop rassemblé, les seuls airs de la haute école vraiment beaux et utiles ; puis nous décrirons quelques airs étendus, ou en extension ; enfin, nous énumérerons, au point de vue terminologique seulement, et d'après le texte même des éléments « de cavalerie », les « airs relevés » de l'école d'équitation française, contemporaine de La Guérinière.

En conséquence, nous diviserons les airs de haute école en trois catégories :

1° Les airs rassemblés, les seuls utiles en équitation et les seuls que la haute école moderne ait conservés ;

2° Les airs étendus ;

3° Les airs relevés, tous ou presque tous tombés en désuétude.

Airs rassemblés.

Ces airs, au nombre de trois, sont :

Le passage, le piaffer, et le petit galop rassemblé nommé autrefois le terre à terre.

Passage.

Le cheval ayant appris à passager, au travail à pied, le cavalier en selle emploie, pour obtenir le passage, la progression suivante :

Le cheval étant au pas ralenti dans la mise en main, le cavalier passe les rênes dans la main gauche et appuie sa cravache, tenue dans la main droite, sur la croupe. Ensuite, il frappe alternativement le sommet de chaque hanche au moment des appuis antérieurs, en latérale. Sous cette action alternative, faite avec précision, les postérieurs s'engagent de plus en plus sous la masse et finissent par se cadencer.

Pendant ce temps, la main de bride fait les oppositions nécessaires pour que la vitesse de progression n'augmente pas.

Le cavalier récompense son cheval dès que celui-ci lui a marqué deux ou trois battues de passage. Après un repos en place ou en marchant au pas, on recommence, en prenant toujours l'impulsion de la cadence sur une marche au pas lent.

Lorsque le cheval monté passage facilement à la cravache, le cavalier commence à se servir des jambes, comme moyen d'actionner le passage, en même temps qu'il diminue progressivement les attouchements de la cravache sur la croupe.

Au passage, les jambes, glissées très loin en arrière des sangles, agissent moins par pression que par frôlement d'avant en arrière et de bas en haut.

Elles font sentir leur effet à chaque appui de l'antérieur du même côté.

Si le cheval, durant ce travail, sort de la main, le cavalier ramène ses jambes près des sangles et les serre jusqu'à ce que la légèreté de l'avant-main soit revenue. Il les ramène ensuite, par degrés, sur les flancs, loin des sangles.

Le cheval comprend alors qu'il doit rester liant de la bouche. Les effets alternatifs des jambes, très loin des sangles, acquièrent pour lui la même signification que les coups de cravache sur la croupe, puisque l'action croissante des jambes concorde avec l'action décroissante de la cravache.

Enfin, la cravache devient inutile ; les jambes, seules, suffisent.

Le cavalier doit avoir une attention extrême à diminuer autant qu'il le peut les effets de main, au passage. Il évitera tout balancement de corps et pèsera également sur les deux ischions en restant bien d'aplomb sur sa selle.

Ici comme partout, c'est le cheval qui travaille, et il fait bien, à la condition de n'être pas gêné. Lui seul apprend à saisir l'attitude la plus favorable au passage régulier.

Le cavalier n'a donc qu'à faire comprendre au cheval ce qu'il veut, à le mettre en situation d'obéir, et à forcer, s'il le faut, son obéissance. Les moyens appartiennent au cheval. Cela est si vrai que le plus beau passage est celui que le cheval arrive à faire sur une simple indication du cavalier, rênes flottantes, jambes effleurant les flancs, et buste invariablement droit.

Les reprises de passage seront très courtes, dans les commencements de ce travail, et on les entrecoupera de marches au repos.

Plus tard, lorsque le cheval, à la suite de nombreux exercices, passage sans effort apparent, le cavalier parvient à régler avec ses jambes le rythme du passage, bien entendu, dans la limite des moyens du cheval.

Tout le travail de deux pistes peut être fait au passage.

Le passage ne souffre pas la médiocrité.

Piaffer.

Le piaffer, qui n'est autre que le passage sur place, s'obtient en diminuant progressivement la progression du passage par d'habiles oppositions de main. On conçoit que l'engagement de l'arrière-main soit plus prononcé au piaffer qu'au passage. Au piaffer, le rassembler est tel que le cheval est comme ployé en cerceau.

Il est plus difficile d'obtenir le piaffer que le passage.

Suivant Raabe, le piaffer et les changements de pied, au temps, sont la pierre de touche du véritable écuyer.

Comme le passage, le piaffer peut avoir des rythmes variables, au gré du cavalier.

Petit galop rassemblé.

Au petit galop rassemblé, la base diagonale centrale est plus courte que la distance des centres de mouvement et, néanmoins, les membres du diagonal correspondant exécutent des battues synchrones.

Ce petit galop s'obtient en glissant les jambes en arrière, pour attirer les membres postérieurs, et en faisant les oppositions de main, propres à produire le ralentissement, tout en conservant à l'encolure toute sa souplesse.

C'est une allure qui peut devenir extrêmement lente. On a vu des écuyers célèbres faire galoper leurs chevaux sur place, voire même, en arrière.

Airs étendus.

Nous désignons par « airs étendus » les mouvements d'extension que l'on fait exécuter aux membres antérieurs du cheval, en station, au pas et au trot.

Jambette.

La jambette consiste, pour le cheval, à étendre horizontalement l'un de ses membres antérieurs.

On demande jambette à droite ou à gauche, à pied d'abord.

Étant à cheval et arrêté, le cavalier provoque jambette à droite (gauche) en menaçant avec la cravache l'épaule droite (gauche) et en substituant le filet à la bride, dans l'effet diagonal droit (gauche), afin d'élever un peu la tête et l'encolure.

Pirouette renversée avec jambette.

Le cheval étant dans la position de jambette à droite (gauche), le cavalier peut lui faire exécuter une pirouette renversée à droite (gauche).

Le jeu des aides est celui que nous avons indiqué pour la pirouette renversée, en se servant des rênes de filet concurremment avec celles de bride.

Le cavalier continue à menacer l'épaule droite (gauche) avec sa cravache pendant que la rotation de la croupe a lieu, de gauche (droite) à droite (gauche), autour de l'antérieur gauche (droit) formant pivot.

Demi-cabrer avec jambette.

Pendant que le cheval fait jambette, certains écuyers de cirque lui font exécuter un demi-cabrer.

Cet air étendu s'obtient par un effet de rênes de filet, de bas en haut. Il n'est pas à recommander, parce que le cheval peut un jour l'adopter comme défense.

Pas espagnol.

Le cavalier demande le pas espagnol, à cheval comme à pied, au moyen de la cravache et en relevant la tête par un effet de rênes de filet.

Peu à peu, le cheval comprend, à l'action alternative des jambes, près des sangles, coïncidant avec les appuis antérieurs, et à la tension des rênes de filet, qu'il s'agit du pas espagnol, et il étend les membres sans que la cravache ait à intervenir.

Le cavalier éprouve, au pas espagnol, un mouvement très prononcé d'oscillation vers la droite, quand l'antérieur gauche est étendu horizontalement, et, à gauche, quand c'est l'autre antérieur qui s'étend.

Quelques écuyers de cirque exagèrent ce balancement latéral du corps, pour faire croire au public que le secret du travail est dans le mouvement du torse.

Le plus étonnant, c'est de voir des amateurs se balancer à droite et à gauche sur leur selle, dans l'espoir que leur cheval étendra les membres en marchant.

Trot espagnol.

Le trot espagnol n'a rien de commun avec le passage.

Au trot espagnol, le cheval est contracturé d'un bout à l'autre, et il le faut bien. Cet air exige des suspensions très longues, non en hauteur, comme au passage, mais en hauteur et longueur, pour donner le temps aux antérieurs d'exécuter leur extension complète.

Quand un cheval est dressé au pas espagnol, le cavalier lui demande, étant au trot, d'étendre les membres antérieurs pendant la deuxième phase de leur enjambée.

On se sert pour cela de la cravache, au début, et même de deux cravaches. Les jambes actionnent vigoureusement en arrière des sangles, et les rênes de filet relèvent la tête.

Il vient un moment où le cheval ainsi recherché bondit d'un diagonal sur l'autre, avec extension complète de l'antérieur.

Le trot espagnol occasionne, bien plus encore que le pas espagnol, des déplacements latéraux d'assiette, en raison de l'élévation que prend l'épaule appartenant au membre en extension.

Les airs étendus sont incompatibles avec la mise en main ; ils exigent une grande élévation du devant et tendent à écraser les jarrets.

Cet écrasement de l'arrière-main se constate fréquemment, au trot espagnol, lorsque cet air a été obtenu à force de frapper les membres antérieurs et à grand renfort d'enrênement.

Mais, le cheval en liberté, l'étalon par exemple, qui « steppe » à la vue des cavales, lui aussi, fait à sa manière du trot espagnol sans l'avoir jamais appris, et ce trot-là est beau comme tous les mouvements qui expriment la légèreté unie à la force.

Acrobaties hippiques.

Au cirque, les « artistes de haute école » appartenant aux deux sexes, font agenouiller le cheval, le font coucher, lui font ramasser un mouchoir, etc...

Ces acrobaties diverses témoignent d'une grande domination de l'homme sur le cheval, mais ne paraissent pas avoir d'applications sportives ou guerrières.

Toutefois, on raconte que les cosaques, après avoir fait coucher leurs chevaux, s'abritent derrière eux et les utilisent comme un parapet servant d'appui au tir du fusil.

Nous ne conseillerons jamais à nos dragons d'essayer d'en faire autant. Ils risqueraient trop de rester à pied... définitivement.

Un écuyer de cirque dont la spécialité consiste à présenter des chevaux en liberté, demande toujours la pirouette renversée à droite avec jambette, sur l'antérieur droit comme pivot, c'est-à-dire à l'inverse du mouvement naturel qui se fait sur l'antérieur gauche.

Pourquoi « l'artiste dresseur » fait-il ainsi ? Tout simplement, parce qu'il lui est plus facile de menacer ou de frapper l'antérieur gauche avec la cravache, en se tenant à la gauche du cheval, pendant que la croupe tourne vers la droite. Et le cheval ? Il a trouvé l'adaptation convenable et il exécute le mouvement, tant bien que mal.

Certains chevaux de cirque font des tours ayant exigé

plusieurs années de préparation. Raabe en cite un qui servait à table en transportant toutes sortes d'objets avec les dents.

Nous avons vu un cheval, monté par un écuyer de cirque, renommé pour ses luttes... avec les chevaux, ramasser le mouchoir tombé comme par hasard de la poche du cavalier et le tendre à son maître en faisant une flexion complète d'encolure à droite.

Le public applaudit l'écuyère qui fait agenouiller son cheval. A notre avis, la posture agenouillée est singulièrement disgracieuse chez les quadrupèdes. Le cheval, assis sur son séant, à la façon des caniches, serait-il plus beau?

On arrive à faire agenouiller le cheval en le travaillant d'abord avec la cravache. Le dresseur frappe sur les canons antérieurs, qui sont très sensibles, puis, lorsqu'un des membres a fléchi, il touche l'autre jusqu'à ce qu'il ait fléchi à son tour. On abaisse ensuite le menton jusqu'à terre, si on le veut, en appuyant sur la têtière.

Une fois à cheval, la menace de la cravache, à hauteur du canon antérieur droit, ou gauche, suffit à provoquer l'agenouillement.

Pour faire coucher un cheval sur le flanc gauche, par exemple, le cavalier, d'abord à pied et à la gauche du cheval, frappe le canon antérieur gauche pour le faire lever, puis aussitôt, il exerce un pli très accentué à droite en tirant à lui fortement la rêne droite passant sur l'encolure. Cet effet surcharge l'épaule gauche, et, comme celle-ci n'est plus appuyée, elle verse.

Quand le cavalier en selle veut faire coucher son

cheval, il le verse sur le flanc droit ou sur le flanc gauche, à son choix, en menaçant le membre antérieur, du côté où le cheval doit se coucher, et en forçant le pli du côté opposé.

Airs relevés suivant la Guérinière.

« Tous les airs détachés de terre s'appellent *airs* « *relevés*. Ils sont au nombre de sept, savoir : la *pesade*, « le *mézair*, la *courbette*, la *croupade*, la *ballottade*, le « *capriole* et le *pas* et le *saut*. »

Pesade. — « La pesade est un air dans lequel le cheval « lève le devant haut dans une place, en tenant les pieds « de derrière fermes à terre. »

Mézair. — « Le *mézair*, ou moitié air, est une espèce « de demi-courbette, dont le mouvement est moins déta- « ché de terre, plus bas, plus coulé et plus avancé que « la vraie courbette. »

Courbette. — La « *courbette* est un saut plus relevé du « devant, plus écouté et plus soutenu que le mézair : les « hanches doivent rabattre et accompagner le devant « d'une cadence égale, tride et basse. Cet air est le « plus beau et le plus en usage de tous les airs rele- « vés. »

Croupade et *ballottade*. — « La *croupade* et la *ballot-*

« *tade* font deux airs, qui ne diffèrent entre eux que dans « la situation des jambes de derrière. Dans la croupade, le « cheval trousse et retire ses jambes de derrière sous son « ventre, sans faire voir ses fers, et, dans la ballottade, il « montre les fers des pieds de derrière, comme s'il vou- « lait ruer, sans pourtant détacher la ruade, comme dans « la capriole. »

Capriole. — « La *capriole* est le plus élevé et le plus « parfait de tous les sauts. Lorsque le cheval est en l'air, « il détache vivement la ruade, les jambes de derrière « sont près l'une de l'autre, et il les allonge aussi loin « qu'il lui est possible de les étendre. »

Pas et le saut. — « Le *pas et le saut* est un air qui se « forme en trois temps ; le premier est un temps de « galop raccourci ou de terre à terre ; le second, une « courbette; et le troisième, une capriole, et ainsi de « suite. Le cheval se sert de ces deux premiers temps « pour mieux s'élever à celui de capriole. »

(*Éléments de cavalerie*, par M. de la Guérinière, écuyer du roi, 1768.)

Les définitions, plus ou moins développées qui précèdent ne brillent pas par la clarté.

On doit tenir compte du temps où écrivait la Guérinière, à cette époque brillante mais frivole qui accordait beaucoup à l'esprit et peu à l'étude réfléchie, à la précision des termes.

M. de la Guérinière a été sans contredit un écuyer hors ligne ; on le constate à mille réflexions, quelques-unes puériles, qui, toutes, témoignent d'une connaissance approfondie du cheval.

Les « airs étendus », dont les écuyers de cirque sont aujourd'hui si prodigues, n'étaient guère à la mode au siècle dernier, si l'on en juge par l'extrait suivant des *Éléments de cavalerie :*

« Il y a des chevaux qui, au lieu de plier les genoux, « allongent les jambes en avant, ce qui est une *vilaine* « *action*... Il y en a d'autres qui lèvent le devant d'eux- « mêmes, sans qu'on leur demande, en se cramponnant « sur les pieds de derrière ; le châtiment, pour corriger « ceux-ci, c'est de les faire ruer, en leur donnant de la « chambrière sur les fesses, pour leur détacher et dénouer « les hanches. »

Nous partageons absolument le sentiment du grand maître de l'ancienne école française.

L'extension des membres antérieurs est, au point de vue cavalier, une vilaine action, ne pouvant que nuire à la légèreté du cheval.

Si nous avons indiqué, dans notre deuxième partie consacrée au travail à la cravache, et dans le présent chapitre, les moyens les plus efficaces pour obtenir la jambette, le pas et le trot espagnols, c'est uniquement pour ne pas laisser ignorer des pratiques en usage dans certains milieux hippiques. Le cheval dressé au pas et au trot espagnols peut redevenir, en dehors de ces mouvements spéciaux, léger à la main et aux jambes, à la condition que le cavalier différencie toujours bien nettement le jeu d'extension du jeu de rassembler, en se servant, dans le premier cas, principalement du filet, dans le second, de la bride.

APPENDICE N° 1

PROGRESSION D'UN DRESSAGE

Chaque cheval exige un dressage particulier, en raison de sa nature propre, de ses défauts, et de ses qualités.

Mais, si le travail de dressage veut être individuel, il n'y a pas moins des principes généraux applicables à la majorité des cas. Sans violer ces principes, on s'en écartera, momentanément, dans une circonstance particulière, quitte à y revenir dès que l'exception aura cessé.

Nous avons conservé la progression d'un dressage en un mois, comprenant trente séances d'une heure à deux par jour, qui a été parcourue par nous en 1874, sous la direction du capitaine Raabe.

Le cheval en question provenait d'un régiment de cuirassiers ; il avait été choisi, comme second cheval, par notre camarade M. J..., qui nous en avait confié le dressage, sur notre demande.

Le cheval était bas du devant, avec peu de garrot, avait les membres sains, était âgé de 7 ou 8 ans, possédait un bon caractère, et ne savait absolument rien.

Voici le texte de cette progression :

Progression d'un dressage (août 1874).

---

§ 1er. — TRAVAIL A PIED.

1re *séance*. — Travail modéré à la longe. — Flexions de mâchoire et d'encolure à l'aide des rênes et de la cravache. — Avancer. — Reculer. — Repos fréquents.

2e *séance*. — Travail à la longe au petit trot. — Flexions oblique et directe de l'encolure. — Reculer.

3e *séance*. — Flexions de mâchoire et d'encolure. — Avancer, avec la flexion à droite. — Reculer. — Arrêts, avec mise en main. — Repos fréquents.

4e *séance*. — Flexions. — Mise en main. — Pirouettes renversées. — Flexion complète d'encolure à la fin de chaque pirouette renversée. — Repos fréquents.

5e *séance*. — Flexions. — Reculer. — Mise en main en marchant. — Pirouettes renversées. — Appuyer, tête au mur, avec peu d'obliquité. — Repos fréquents.

6e *séance*. — Flexions. — Reculer. — Mise en main en marchant. — Commencement de cadence en avançant, dans la mise en main, à l'aide de la cravache sur la croupe. — Pirouettes renversées. — Appuyer tête, puis croupe, au mur. — Repos fréquents.

7e *séance*. — Flexions. — Reculer. — Cadence. — Pirouettes renversées. — Appuyer, tête puis croupe, au mur. — Repos fréquents.

8e *séance*. — Pirouettes renversées et ordinaires. — Appuyer, latéralement, d'un grand côté à l'autre grand côté du manège. — Arrêts fréquents, avec mise en main.

§ 2. — TRAVAIL A CHEVAL.

9e *séance*. — Leçon du montoir, avec flexion d'encolure à droite. — Mise en main en place. — Marche au pas dans la mise en main. — Demi-flexion d'encolure (pli) en marchant au pas. — Reculer. — Repos en marchant.

10e *séance*. — Récapitulation. — Marcher, reculer dans la mise en main. — Demi-flexion en marchant. — Repos.

11e *séance*. — Pirouettes renversées. — Flexions complètes, de pied ferme. — Marcher, reculer dans la mise en main. — Repos en marchant.

12e *séance*. — Marcher, croupe au mur, aux deux mains. — Changement de main diagonal en tenant les hanches. — Repos en marchant.

13e *séance*. — Récapitulation. — Demi-pirouettes ordinaires, en marchant au pas. — Repos fréquents.

14e *séance*. — Récapitulation. — Commencement de cadence prise sur le pas, en s'aidant de la cravache sur la croupe. — Repos en marchant.

15e *séance*. — Récapitulation. — Marcher au petit trot dans la mise en main. — Trot libre.

16e *séance*. — Récapitulation. — Marcher au petit trot, arrêter, reculer, marcher au pas, puis au trot. — Repos.

17e *séance*. — Récapitulation. — Étant au petit trot, appuyer tête au mur. — Changements de main diagonaux de deux pistes au petit trot. — Voltes et demi-voltes, au pas et au trot. — Repos en marchant au trot.

18e *séance*. — Récapitulation. — Étant au trot, arrêter, repartir, arrêter, reculer, repartir encore. — Accélérations et ralentissements du trot. — Cadence prise sur le pas. — Fréquentes reprises de pas et de trot libre.

19e *séance*. — Récapitulation. — Étant au petit trot, voltes à rayons de plus en plus réduits pour arriver à la demi-pirouette. — Cadence. — Repos fréquents.

20e *séance*. — Récapitulation. — Étant au trot, partir au galop en passant devant un coin, en employant l'effet diagonal nécessaire, au moment opportun.

21e *séance*. — Récapitulation. — Départs au galop, étant au trot, puis au pas, sans traverser le cheval. — Passer du galop au pas, puis à l'arrêt.

22e *séance.* — Récapitulation. — Voltes au galop.

23e *séance.* — Récapitulation. — Étant au galop, arrêter, reculer, partir au trot. — Galop libre.

24e *séance.* — Récapitulation. — Départ au galop à droite étant au pas, et repasser au pas, puis partir au galop à gauche et repasser de nouveau au pas au bout de quelques mètres. — Départ au galop de pied ferme. — Galop libre.

25e *séance.* — Récapitulation. — Étant au galop, arrêter, puis repartir au galop. — Changements de pied à la suite d'un changement de main ou d'une demi-volte.

26e *séance.* — Récapitulation. — Étant au galop à droite, arrêter, repartir au galop sur le pied gauche, arrêter après quatre ou cinq pas, repartir au galop sur le pied droit et faire ainsi une demi-douzaine de départs ; repos complet après ce travail.

27e *séance.* — Récapitulation. — Étant au galop tête au mur, changement de main diagonal, de deux pistes en conservant la même obliquité, passer au trot en arrivant à l'extrémité de la diagonale, puis repartir au galop sur l'autre pied. — Repos fréquents.

28e *séance.* — Récapitulation. — Changements de pied à la fin des changements de main diagonaux « de deux pistes ». — Repos aux trois allures.

29e *séance*. — Récapitulation. — Décrire un 8 au galop en changeant de pied au changement de cercle.

30e *séance*. — Récapitulation. — Passage, et petit galop rassemblé.

APPENDICE N° 2

LÉGENDES EXPLICATIVES

DE

Quelques épreuves chrono-photographiques obtenues par M. Marey,

MEMBRE DE L'INSTITUT DE FRANCE

LA

MÉTHODE PHOTO-CHRONOGRAPHIQUE

DE

M. MAREY

MEMBRE DE L'INSTITUT DE FRANCE

Extrait du compte rendu fait par M, Marey, à l'Académie des sciences, le 15 octobre 1888.

« L'essence de la méthode photo-chronographique « consiste à recueillir, sur une même plaque sensible, « les images instantanées et successives d'un objet qui « se déplace plus ou moins rapidement. La translation « de l'objet, devant de l'écran noir, se reproduit sur la « plaque photographique, de telle sorte que les images « successives obtenues ne se confondent pas entre « elles.

« Mais si l'objet est animé d'une translation trop « lente, ou s'il exécute des mouvements sur place, les « images sont imparfaitement séparées ou même se « superposent complètement.

« Or, il est d'un grand intérêt de pouvoir décom- « poser, dans leurs phases successives, les mouvements « qui s'accompagnent d'une translation lente ou qui se

« font sur place, tels que la marche de l'homme, le ma-
« niement des outils ou des armes et la plupart des
« exercices gymnastiques.

« La méthode de Muybridge (1) donnait, il est vrai,
« ces résultats en recevant les images sur des plaques
« d'appareils photographiques différents, placés en série
« et fonctionnant successivement ; mais la multiplicité
« des appareils entraîne des changements dans l'aspect
« de l'objet en mouvement, puisque ces images succes-
« sives sont prises de points différents et sous des
« incidences toujours changeantes.

« Étant admise la nécessité de prendre, d'un point
« toujours le même, la série des images successives d'un
« objet qui ne change pas de place, il n'y a que deux
« moyens d'en empêcher la superposition. L'un con-
« siste à déplacer la surface sensible, afin que des
« points différents de cette surface se présentent succes-
« sivement pour recevoir les images de l'objet ; l'autre
« procédé consiste à imprimer à l'image une translation,
« de façon qu'elle se produise en des points différents
« de la plaque immobile.

« Je me suis appliqué, dans ces derniers temps, à
« essayer comparativement ces deux méthodes, et j'es-
« père obtenir une série d'images sur une longue
« bande de papier sensible, animée d'une translation
« rapide avec arrêts aux moments des poses. »

---

(1) M. Muybridge, de San-Francisco, a, le premier, obtenu des images instantanées successives.

Extrait du compte rendu fait par M. Marey, à l'Académie des sciences, le 29 octobre 1888.

« Pour compléter les recherches dont j'ai entretenu « l'Académie dans les dernières séances, j'ai l'honneur « de lui présenter aujourd'hui une bande de papier « sensible sur laquelle une série d'images a été « obtenue, à raison de 20 images par seconde. L'ap- « pareil que j'ai construit à cet effet déroule une bande « de papier sensible avec une vitesse qui peut atteindre « $1^m,60$ par seconde. Cette vitesse excédant mes besoins « actuels, je l'ai réduite à $0^m,80$.

« Si l'on prend les images pendant que le papier se « déroule, on n'obtient aucune netteté; on peut seule- « ment apprécier les changements d'attitude du sujet « en expérience. Mais, si au moyen d'un dispositif spé- « cial basé sur l'emploi d'un électro-aimant, on arrête « le papier pendant la durée de l'éclairage, 1/5,000e de « seconde, les images prennent toute la netteté dési- « rable. »

DONNÉES D'EXPÉRIENCES.

Les épreuves qui suivent ont été obtenues sur un papier sensible, se déroulant à la vitesse de 1 mètre par seconde et donnant 25 images dans le même temps.

Ces épreuves ont été prises dans le courant de l'été de

1889, à la station physiologique d'Auteuil, par M. Marey en personne, assisté de son préparateur, M. Demeny.

Le sujet qui a servi aux expériences, sauf pour le trot normal et le saut, est une jument de pur sang arabe : *Fanfreluche*, par *Sadrazam* et *Nourmahal*, née au haras de Pompadour, le 1er avril 1878.

Cette jument, de robe gris pommelé, a défilé aux diverses allures devant un écran en velours noir, pendant que l'appareil photo-chronographique fonctionnait.

Pour le trot et le saut, l'écran était constitué par un mur blanc.

C'est la jument *Sylphide*, par *Black-Eyes* et *Surprise II*, qui a fourni les images du trot.

Le saut, en partant de l'allure du trot, a été exécuté par une jument de pur sang, nommée *Niniche*, par *Kaolin* et *Incurable*.

LÉGENDES EXPLICATIVES

PAS NORMAL

(Planche I)

N° 1.

Le cheval est appuyé sur la base tripédale postérieure droite qui vient de succéder à la base diagonale gauche par l'appui du membre antérieur droit. Il y a double appui, à l'avant-main. L'écart entre les deux membres antérieurs, à l'appui, est sensiblement égal, sur la photographie, à l'étendue de la base diagonale gauche (antérieur gauche, postérieur droit).

On peut en conclure immédiatement que le postérieur gauche viendra poser sur l'empreinte de l'antérieur gauche.

En effet, les enjambées antérieures et postérieures étant égales, une demi-enjambée quelconque a la même valeur que la demi-enjambée donnée par l'écart des antérieurs à l'appui.

Donc, le postérieur gauche ira poser à une distance en

avant du postérieur droit, égale à l'écart des antérieurs à l'appui.

L'allure que montre la figure n° 1 est donc bien le pas normal.

Comme corollaire : Au pas normal, l'étendue d'une base diagonale est égale à la moitié d'une base latérale.

N° 2.

Le pied antérieur gauche est arrivé à la fin de sa période de déroulement et va se lever. Il ne supporte plus la moindre partie du poids du cheval, en ce moment appuyé sur le bipède latéral droite (antérieur droit, postérieur droit).

Le pied postérieur gauche a continué son mouvement en avant et se trouve encore plus près du pied postérieur droit que du pied antérieur gauche.

N° 3.

Le cheval est encore appuyé sur le bipède latéral droit oscillant sur sa base, d'arrière en avant.

L'antérieur gauche a quitté terre, et le postérieur gauche va se poser sur l'empreinte laissée par ce pied de devant. Toutefois, l'écart sensible de ces deux pieds en mouvement indique qu'ils ne s'atteindront pas.

N° 4.

A la base latérale droite a succédé la base tripédale

antérieure droite, déterminée par le double appui des pieds postérieurs.

Le membre antérieur droit est vertical, tandis que le membre postérieur droit est à la fin de son appui.

Ces deux positions comparées donnent la relation existant entre le jeu de l'avant-main et celui de l'arrière-main, à l'allure du pas normal.

La théorie des six périodes exposée par Raabe, il y a quarante ans, est donc confirmée par la chrono-photographie.

N° 5.

Le cheval est appuyé sur la base diagonale droite (antérieur droit, postérieur gauche). Le pied postérieur droit atteint la fin du déroulement préparatoire à son lever.

N° 6.

Le corps du cheval progresse sur le bipède diagonal droit (antérieur droit, postérieur gauche), alors que les membres qui composent le bipède diagonal gauche se meuvent à la vitesse qui leur est propre.

N° 7.

Même base de sustentation que ci-dessus.

Les deux membres à l'appui s'inclinent de plus en plus, d'arrière en avant, et les membres en mouvement prennent sur la vitesse du corps une avance croissante.

N° 8.

Le cheval est encore appuyé sur le bipède diagonal droit, et l'antérieur gauche est sur le point de se poser.

N° 9.

Le cheval est appuyé sur la base tripédale postérieure gauche, comme au n° 1, avec cette différence que les membres sont inversés.

Les antérieurs sont, tous les deux, à l'appui.

De la durée du double appui, au pas normal.

Nous voyons les deux membres antérieurs simultanément appuyés, sur les figures n°s 1, 2, 8 et 9.

Les deux membres postérieurs sont à terre en même temps, sur les figures n°s 4 et 5.

On peut conclure de là que la durée du double appui apparent est égale à 2 fois $\frac{1}{25}$ de seconde, ou environ $\frac{2}{24}$ ou $\frac{1}{12}$ de seconde.

Cependant, le double appui a, en réalité, une durée moindre, parce que le transfert du poids du cheval d'un pied sur l'autre ne commence pas à l'instant même où un pied arrive sur le sol, et qu'un pied déchargé de tout poids peut encore toucher terre pendant un court instant.

La planche I ne présentant que 8 figures pour un demi-pas (la figure n° 9 appartient à un autre demi-pas), un pas complet s'est effectué en 16 fois $\frac{1}{25}$ de seconde, ou environ en $\frac{2}{3}$ de seconde.

Chaque double appui apparent a duré, par conséquent, 2 fois $\frac{1}{16}$ du pas complet, ou $\frac{1}{8}$ de ce pas.

La durée du double appui serait donc inférieure à $\frac{1}{8}$ de la durée d'un pas complet, à l'allure du pas normal.

Pour notre part, nous l'estimons à $\frac{1}{10}$ de la durée d'un pas, ou, ce qui revient au même, à $\frac{1}{15}$ de seconde, pour un pas exécuté en $\frac{2}{3}$ de seconde.

RECULER

(Planche II)

N° 1.

Le cheval est appuyé sur le bipède diagonal droit (antérieur droit, postérieur gauche). Le diagonal gauche non appuyé se porte en arrière.

N° 2.

Attitude à peu près semblable à la précédente.

N° 3.

Attitude à peu près semblable à la précédente.

N° 4.

L'antérieur gauche pose à terre un très court instant le postérieur droit, d'où il faut conclure que le cheval était légèrement acculé.

N° 5.

Le cheval est appuyé sur ses quatre pieds, par paires

diagonales, les uns venant de poser, les autres sur le point de se lever.

N° 6.

Attitude analogue à la précédente.

Le lever prématuré de l'antérieur droit indique que ce pied avait posé un instant avant le pied postérieur gauche et que le synchronisme des appuis diagonaux avait été rompu par acculement.

N° 7.

Même constatation que ci-dessus.

N° 8.

Le cheval recule en 4 temps, en commençant par le lever d'un membre antérieur.

N° 9.

Le bipède diagonal droit se porte en arrière, pendant que le cheval se pousse dans le même sens en s'appuyant sur le bipède diagonal gauche à l'appui.

N° 10.

Continuation du mouvement dans les mêmes conditions que ci-dessus.

La figure n° 10 reproduit la figure n° 1, avec cette différence que les membres sont disposés en sens inverse.

Du double appui, dans le reculer.

On voit les pieds antérieurs, simultanément à terre, sur les figures n°s 3, 4, 5, et les pieds postérieurs appuyés ensemble, sur les figures n°s 6, 7 et 8.

D'autre part, un demi-pas de reculer (*fig.* 1 à 9), ayant été exécuté en $\frac{9}{23}$ de seconde, un pas complet a duré $\frac{18}{23}$ de seconde, ou environ $\frac{3}{4}$ de seconde.

La durée du double appui apparent a été, par suite, les $\frac{3}{10}$ ou le $\frac{1}{6}$ de la durée d'un pas de reculer, égale, en conséquence, à $(\frac{1}{6} \times \frac{3}{4}) = (\frac{3}{24}) = \frac{1}{8}$ de seconde.

Cette durée doit être diminuée, si l'on veut se rapprocher des conditions réelles de l'échange d'appuis.

Il n'est pas sans intérêt de constater que la durée du double appui est plus grande pendant le reculer, allure très lente, qu'au pas normal en avançant.

TROT NORMAL

(Planche III)

N° 1.

Le cheval, à la fin de l'appui sur le bipède diagonal droit (antérieur droit, postérieur gauche), reçoit une impulsion de ce bipède, qui le lancera sur le bipède diagonal gauche.

Le cavalier est dans la selle. Son assiette subit une pression supérieure à la pression normale, à cause de la détente du bipède diagonal droit.

N° 2.

Entre la figure n° 1 et la figure n° 2, le cheval a été en suspension. Ici, on le voit au moment où il va poser à terre les pieds antérieur gauche et postérieur droit, qui font partie du bipède diagonal gauche.

La jument *Sylphide*, ayant un trot extrêmement doux et l'allure du trot normal exigeant peu d'efforts, la composante verticale du mouvement de suspension du cheval a été très faible. Il suit de là que l'assiette du cavalier n'a pas encore quitté la selle, sur la figure n° 2, mais qu'elle s'en séparera avant l'instant où le cheval éprouvera le choc de réaction, produit par les pieds de son bipède diagonal gauche venant frapper le sol en s'y appuyant.

N° 3.

Le corps du cheval continue à avancer sur son bipède diagonal gauche appuyé, lequel bascule, de plus en plus, d'arrière en avant.

L'assiette du cavalier est manifestement au-dessus de la selle.

N° 4.

Le cheval est au milieu de l'appui sur son bipède diagonal gauche.

Le cavalier est encore hors de la selle.

N° 5.

Le bipède diagonal gauche, à l'appui, s'est encore incliné d'arrière en avant pendant que le corps du cheval avançait.

Le cavalier est en selle et, très probablement, depuis un court instant.

L'assiette a donc quitté la selle entre les attitudes 2 et 3, est restée hors de la selle, sur les figures 3 et 4, enfin est revenue en selle pendant le temps compris entre les attitudes n°s 4 et 5.

Tout cavalier trottant à la française, à un trot modéré, remarquera, en examinant une des épaules de son cheval, que son assiette retombe en selle au moment où le mouvement de bascule de l'épaule observée correspond environ au milieu de l'appui du membre correspondant.

N° 6.

Le cheval est arrivé à la fin de son appui sur le bipède diagonal gauche, c'est-à-dire à la période d'impulsion ou de détente, tout comme sur la figure n° 1, avec cette différence que le bipède diagonal gauche, au lieu du droit, va donner la nouvelle impulsion.

Le cavalier est assis.

Observations. — *a*). — Si l'on admet que le cavalier a quitté la selle à un instant également éloigné des attitudes 2 et 3 et qu'il est retombé en selle à égal intervalle entre les attitudes 4 et 5, on conclut que, dans le cas particulier de la jument *Sylphide* trottant doux et modéré, le cavalier a été aussi longtemps dans sa selle qu'au-dessus.

b). — Les bandes blanches, que l'on remarque au-dessous du trottoir parcouru par le cheval, mesurent $0^{m},50$ de longueur et sont séparées par des bandes noires de même longueur.

TROT DÉCOUSU

(Planche IV)

N° 1.

Rappelons que le trot décousu résulte de la rupture du synchronisme des battues diagonales par l'appui anticipé de l'antérieur. Sur la figure n° 1, le cheval est appuyé sur le bipède diagonal droit (antérieur droit, postérieur gauche), et les membres qui composent ce bipède diagonal sont à la fin de leur appui.

N° 2.

L'antérieur droit s'est levé, en sorte que le cheval n'est plus supporté que par le pied postérieur gauche. Ce pied quittera le sol après que l'antérieur droit aura déjà commencé son évolution dans l'espace, et, par suite, posera un instant après lui.

Par analogie, l'antérieur gauche va poser, un moment avant le postérieur droit.

N° 3.

Entre les figures n°s 2 et 3, le cheval a pu être en suspension. Sur la figure n° 3, il est soutenu, par le bipède diagonal gauche, depuis peu à l'appui.

Le postérieur droit a recouvert l'empreinte faite par l'antérieur droit.

N° 4.

Le cheval est au milieu de son appui sur le bipède diagonal gauche.

N° 5.

Attitude intermédiaire entre le milieu et la fin de l'appui sur le bipède diagonal gauche.

N° 6.

Fin de l'appui sur le bipède diagonal gauche. L'attitude de l'antérieur droit indique que ce membre va prendre terre, alors que le postérieur gauche sera encore en progression isolée.

N° 7.

L'antérieur droit est sur le sol. Le postérieur droit, qui forme avec lui le bipède diagonal droit, n'a pas terminé sa progression isolée.

L'antérieur gauche a levé, tandis que le postérieur droit est encore à terre.

Cette figure montre que le cheval est appuyé pendant un instant très court sur une base latérale (ici, la base latérale droite) ; et cet appui a pour résultat de restreindre, si elle ne la supprime pas, la période de suspension.

PETIT TROT MARCHÉ

EN TENANT LES HANCHES

(Planche V)

N° 1.

Le cheval, supporté par le bipède diagonal gauche (antérieur gauche, postérieur droit), paraît arriver au milieu de l'appui sur ce bipède.

Un jeu de rênes a placé le nez du cheval, légèrement à droite, dans le sens du mouvement.

L'encolure est liante ; la bouche est mobile.

La jambe droite (que l'on ne voit pas) entretient la légèreté de l'avant-main, en serrant plus ou moins, au passage des sangles. La jambe gauche presse, en ce moment, loin en arrière de la sangle, afin de pousser l'arrière-main, de gauche à droite.

Le membre postérieur gauche est en situation d'obéir, puisqu'il a quitté terre. L'appui de l'antérieur gauche a servi de guide au cavalier pour saisir l'instant favorable à l'action de sa jambe gauche, en vue de déplacer la croupe.

En même temps, le cavalier pesait plus sur l'ischion droit (fesse droite) que sur l'autre.

N° 2.

L'attitude de la figure n° 2 diffère peu de la précédente. Néanmoins, on voit l'antérieur droit s'écarter davantage de l'antérieur gauche, tandis que le postérieur gauche s'est rapproché du postérieur droit.

Le bipède diagonal gauche (antérieur gauche, postérieur droit), qui supporte la masse, paraît avoir atteint le milieu de son appui : l'antérieur gauche est vertical.

N° 3.

Le cheval a dépassé le milieu de son appui sur le bipède diagonal gauche (antérieur gauche, postérieur droit).

L'antérieur droit s'est encore éloigné, latéralement, de l'antérieur gauche, et le postérieur gauche commence à croiser le postérieur droit, en passant devant lui.

N° 4.

Le cheval a basculé un peu plus sur son diagonal gauche qui montre l'antérieur gauche assez fortement incliné d'avant en arrière, en commençant par le haut.

L'antérieur droit est sur le point d'atteindre la limite de son écart ; le postérieur droit est très fortement croisé en avant du postérieur droit.

N° 5.

Le bipède diagonal gauche (antérieur gauche, postérieur droit) est à la fin de son appui, pendant que le bipède diagonal droit (antérieur droit) (postérieur gauche) pose à terre.

Les quatre pieds du cheval touchent le sol, et l'échange d'appuis va se produire, le poids du corps allant passer de l'appui sur le bipède diagonal gauche à l'appui sur le bipède diagonal droit.

Le pied postérieur gauche est directement en arrière du pied antérieur droit.

L'écart entre les pieds postérieurs est moindre que l'écart entre les pieds antérieurs.

N° 6.

L'échange des appuis a eu lieu.

Le cheval est supporté par le bipède diagonal droit (antérieur droit, postérieur gauche) ; le bipède diagonal gauche (antérieur gauche, postérieur droit) commence sa progression latérale vers la droite.

N° 7.

Le mouvement de progression latérale vers la droite a continué, les membres postérieurs se décroisant, tandis que l'antérieur gauche, au contraire, se rapproche de l'antérieur droit.

N° 8.

Le mouvement du postérieur droit vers la droite est

plus facile au cheval que celui du postérieur gauche (*fig.* 3, 4, 5). Il en résulte que l'action de la jambe gauche du cavalier est beaucoup moins nécessaire pendant que le cheval est appuyé sur le bipède diagonal droit que lorsqu'il était supporté par le bipède diagonal gauche. Par contre, les rênes chargées d'attirer l'avant-main vers la droite ont un rôle prépondérant pendant l'appui du cheval sur le diagonal droit, en raison de la difficulté que l'animal éprouve à croiser son antérieur gauche en avant et sur la droite de son antérieur droit.

Nos 9, 10, 11.

Le croisement des antérieurs va en s'accentuant jusqu'à ce que le double appui ait lieu. A ce moment (N° 11), l'écart entre les pieds antérieurs, à l'appui, est beaucoup moindre que celui qui a été constaté au n° 5.

De même, l'écart entre les pieds postérieurs sera plus grand au n° 12 qu'au n° 6.

A l'écart maximum des antérieurs, correspond ainsi l'écart minimum des postérieurs, et l'écart minimum des antérieurs coïncide avec l'écart maximum des postérieurs.

En outre, le synchronisme des battues diagonales, au petit trot latéral, est rompu par l'appui anticipé de l'antérieur, en diagonale (N° 5 et N° 11).

N° 12.

L'antérieur gauche ayant pris terre (N° 11), alors que

le postérieur droit était encore en mouvement, l'arrière-main est en retard, dans son évolution propre, sur l'avant-main, et le postérieur gauche n'est pas levé que l'antérieur droit a déjà progressé.

N° 13.

La figure n° 13 est la reproduction presque identique de la figure n° 1.

De la durée du double appui au petit trot marché, en tenant les hanches.

Un pas complet de petit trot marché, en tenant les hanches, a été exécuté en $\frac{12}{23}$ de seconde, ou environ $\frac{1}{2}$ seconde. En examinant les figures présentant un double appui, on constate que la durée du double appui apparent, aussi bien à l'avant-main qu'à l'arrière-main, a été inférieure à 2 fois $\frac{1}{23}$ de seconde.

On peut l'admettre d'environ $\frac{3}{2}$ de $\frac{1}{23}$ de seconde, ou environ $\frac{3}{48}$ de seconde, ou $\frac{1}{16}$ de seconde.

Il y a 12 figures pour l'exécution complète d'un pas de petit trot latéral.

La durée du double appui apparent serait donc :

$$\frac{3}{2} \times \frac{1}{12} = \frac{3}{24} = \frac{1}{8},$$

c'est-à-dire le $\frac{1}{8}$ de la durée d'un pas complet, comme au pas normal.

Mais, on ne peut pas admettre que le double appui ait lieu pendant tout le temps que deux pieds antérieurs (ou postérieurs) sont simultanément à terre. Il faut tenir compte de l'échange d'appuis, autrement dit du transfert de la masse d'un pied sur l'autre.

Nous conclurons de là que le double appui réel, dans le cas présent, ne saurait dépasser beaucoup le $\frac{1}{10}$ de la durée d'un pas de petit trot latéral, ou le $\frac{1}{20}$ d'une seconde.

GALOP NORMAL A DROITE

(Planche VI)

N° 1.

Le cheval est à la fin de l'appui sur l'antérieur droit, lequel a formé la 3e foulée d'un pas de galop à droite.

Le cavalier est bien assis.

N° 2.

Le postérieur gauche, qui était le plus avancé sur la figure n° 1, va poser à terre, mais se trouve encore en l'air. Le cheval est en suspension.

Le cavalier est légèrement penché en avant, tout en demeurant en selle.

N° 3.

Le postérieur gauche a posé à côté de l'empreinte laissée par l'antérieur droit.

La 1re foulée d'un nouveau pas de galop à droite est faite.

Les membres composant le bipède diagonal gauche (antérieur gauche, postérieur droit) sont détachés de terre et dépassent le bipède diagonal droit. L'antérieur droit est encore ployé. Le cavalier a quitté la selle et se penche en avant, plus que sur la figure précédente.

N° 4.

Le cheval est appuyé sur la base tripédale antérieure gauche, et a ses deux postérieurs à l'appui.

Ceux-ci, agissant ensemble, vont donner à la masse l'impulsion que nécessite l'exécution d'un pas de galop.

On remarquera que l'écart entre les deux postérieurs, à l'appui, est moindre que l'écart entre les membres composant le bipède diagonal gauche, également à l'appui.

Le cavalier commence à retomber en selle, mais est encore penché en avant.

N° 5.

Le cheval est appuyé, comme à la figure n° 4, sur la base tripédale antérieur gauche.

Le cavalier est toujours penché en avant; cette fois il retombe en selle.

N° 6.

Le postérieur gauche a levé ; par contre, l'antérieur droit a pris terre ; il en résulte que le cheval a formé la base tripédale postérieure droite, ayant les deux pieds antérieurs à l'appui.

Le cavalier est droit et assis.

N° 7.

L'attitude est à peu près la même que celle de la figure n° 6, avec cette différence que les membres à l'appui sont plus inclinés en avant.

Le cavalier est assis et commence à se pencher légèrement en arrière.

N° 8.

A la base tripédale postérieure droite a succédé la base unipédale antérieure droite correspondant à l'appui sur l'unique pied antérieur droit.

Le cavalier est en selle et un peu incliné en arrière.

N° 9.

Le cheval est à la fin de sa troisième foulée, comme sur la figure n° 1.

Le cavalier est assis et penché en arrière.

Observation. — Le cheval basculant, de son avant-main sur son arrière-main, entre deux pas successifs de galop, le corps du cavalier réagit en se penchant en sens inverse du mouvement de bascule. En outre, le corps du cavalier a une tendance à rester en arrière, par inertie, au moment de l'impulsion donnée par les postérieurs, et à continuer sa progression en avant, à l'instant où les appuis antérieurs provoquent un ralentissement du cheval. Les attitudes que subit le cavalier, et celles qu'il prend pour lutter contre les quatre causes de déplacement que nous venons d'énumérer, sont mises en évidence par les photographies de la planche VI.

De la durée du double appui (association des membres postérieurs, antérieurs) **au galop normal.**

Au galop normal, la formation de deux bases tripédales successives, venant se souder sur la base diagonale centrale, indique bien que les postérieurs, ensuite les antérieurs, marquent un appui simultané.

Ce double appui a été nommé association par Raabe, pour le distinguer du double appui des allures marchées.

On sait, en effet, que l'association a pour objet, non seulement un échange d'appuis, mais encore, et surtout, un accroissement d'impulsion, à l'arrière-main, et un surcroît de support, à l'avant-main.

Cela posé, en examinant la planche VI, on constate l'association des postérieurs sur les figures n°s 4 et 5, et l'association des antérieurs sur les figures n°s 6 et 7.

Il y a 8 figures (1 à 8) pour un pas de galop complet.

Ce pas a donc duré $\frac{8}{25}$ de seconde, ou environ $\frac{1}{3}$ de seconde.

Chaque association a duré, par conséquent, $\frac{2}{8}$, ou le $\frac{1}{4}$ d'un pas, ou encore $(\frac{1}{4} \times \frac{1}{3})$, soit $\frac{1}{12}$ de seconde.

Au galop normal, les associations des membres de l'arrière-main, ainsi que celles des membres de l'avant-main, sont relativement beaucoup plus longues que les périodes de double appui, aux allures marchées.

Les durées de double appui *apparent* sont, en effet :

Au reculer.	$\frac{1}{6}$ de la durée d'un pas.
Au pas normal.	$\frac{1}{8}$ de la durée d'un pas.
Au petit trot marché en tenant les hanches.	$\frac{1}{8}$ de la durée d'un pas.
Au galop normal (association).	$\frac{1}{4}$ de la durée d'un pas.

SAUT EN HAUTEUR

EN PARTANT DU TROT

(PLANCHE VII)

Sept attitudes antérieures à celles-ci n'ont pas été reproduites, faute de place.

N° 8.

Les deux pieds postérieurs sont à l'appui. L'antérieur gauche touche encore en pince, et l'antérieur droit s'est troussé.

Le cheval commence à enlever son avant-main pour franchir l'obstacle, et le cavalier rentre la ceinture de façon à maintenir son buste vertical.

N° 9.

Le cheval est appuyé sur ses deux pieds postérieurs, qui se trouvent, à côté l'un de l'autre, presque sur la même ligne.

L'avant-main continue son mouvement ascensionnel, le

membre antérieur gauche moins élevé que le droit. Le genou droit touche la barre et va provoquer son déplacement, suivi de sa chute à terre.

Le cavalier se penche en avant pour maintenir la verticalité de son corps.

N° 10.

Les phénomènes décrits au n° 9 s'accentuent davantage.

Le cavalier rentre de plus en plus la ceinture afin de conserver son équilibre sur le dos très incliné du cheval.

N° 11.

L'action propulsive des pieds postérieurs se développe par un redressement très accentué des segments osseux de l'arrière-main. Les membres antérieurs sont l'un à côté de l'autre.

Le corps du cavalier est ramassé en quelque sorte sur lui-même et incliné en avant, pour lutter contre l'inclinaison du cheval et la détente qui va se produire.

N° 12.

L'arrière-main est étendu à son maximum, et les pieds postérieurs ne touchent plus qu'en pince.

Le corps du cheval commence à basculer autour de son centre de gravité, pour se recevoir, plus tard, sur les pieds antérieurs.

Le cavalier se redresse un peu.

N° 13.

Le cheval est en l'air, continue son mouvement de bascule et présente son corps à peu près horizontal.

Le cavalier s'est encore redressé.

N° 14.

La branche inférieure de la trajectoire est entamée.

En vertu de l'inertie, le corps du cavalier continue son mouvement ascensionnel et quitte la selle.

Le membre antérieur gauche devance un peu le droit.

N° 15.

La chute s'accentue. Le cavalier est très au-dessus de sa selle. Le membre antérieur gauche dépasse de plus en plus son congénère.

Les membres postérieurs se troussent fortement au-dessus de la barre.

N° 16.

Le cheval prend terre avec le membre antérieur droit, le moins avancé, et tend en avant l'antérieur gauche qui va fermer étai.

Le corps du cavalier est encore loin du cheval, mais va commencer à se rapprocher de lui.

N° 17.

Le cheval est appuyé sur les deux antérieurs disjoints, le gauche en avant du droit.

Le cavalier commence à se rapprocher de sa selle.

Les membres postérieurs avancent et descendent vers le sol.

N° 18.

Le cheval, étayé sur ses membres antérieurs, le gauche en avant du droit, rapproche de plus en plus ses postérieurs, en même temps que son arrière-main redescend vers le sol.

Le cavalier est revenu en selle et se penche maintenant en arrière, pour lutter contre l'inertie qui le sollicite en avant comme conséquence du ralentissement produit par l'appui des membres antérieurs.

Le postérieur droit devance son congénère et va former la foulée préparatoire d'un premier pas de galop à gauche.

N° 19.

Le cheval est supporté par un seul membre, l'antérieur gauche. Le membre antérieur droit a quitté terre et commence à progresser.

Le postérieur droit est sur le point de poser, ou même touche terre, tandis que le postérieur gauche, précédemment en arrière de lui, l'a devancé.

Le buste du cavalier, précédemment incliné en arrière, s'est rapproché beaucoup de la verticale.

N° 20.

Le cheval est appuyé sur le bipède diagonal gauche (antérieur gauche, postérieur droit) formant une base courte. L'antérieur gauche est à la fin de son appui et va se lever, alors que le postérieur droit est au milieu de son appui.

Le postérieur gauche talonne l'antérieur gauche et va le remplacer sur le sol.

Le cavalier, continuant à imprimer à son corps un mouvement de bascule d'arrière en avant, semble placé verticalement, avec tendance à une légère inclinaison en avant.

N° 21.

L'antérieur gauche est en mouvement. Il a été remplacé sur le sol par le postérieur gauche.

L'association des deux postérieurs, le gauche en avant du droit, a permis au cheval de s'allonger pour se préparer à entamer l'allure du galop à gauche, par accélération.

En effet, l'antérieur droit, le plus avancé, formera, un peu plus tard, avec le postérieur gauche qui n'aura pas quitté l'appui, le 2e temps d'un pas transitoire de galop à gauche.

Le cavalier est légèrement penché en avant pour lutter contre la détente des postérieurs.

TABLE DES MATIÈRES

CHAPITRE II.

ALLURES SAUTÉES.

CHAPITRE III.

ALLURES ANORMALES.

DEUXIÈME PARTIE.

TRAVAIL A PIED

CHAPITRE Ier.

TRAVAIL A LA LONGE.

CHAPITRE II.

TRAVAIL A LA CRAVACHE.

TROISIÈME PARTIE.

TRAVAIL A CHEVAL

GÉNÉRALITÉS.

CHAPITRE Ier.

TRAVAIL EN PLACE.

CHAPITRE II.

TRAVAIL AU PAS.

Travail d'une piste.

CHAPITRE V.

SAUT ET TRAVAIL A L'EXTÉRIEUR.

CHAPITRE VI.

HAUTE ÉCOLE.

Airs rassemblés.

Airs étendus.

Airs relevés.

APPENDICE N° I.

APPENDICE N° II.

Légendes explicatives de quelques épreuves chrono-photographiques obtenues par M. MAREY, membre de l'Institut.

Paris. — Imprimerie L. BAUDOIN et Cie, 2, rue Christine.

Pl. I.

Pas normal.

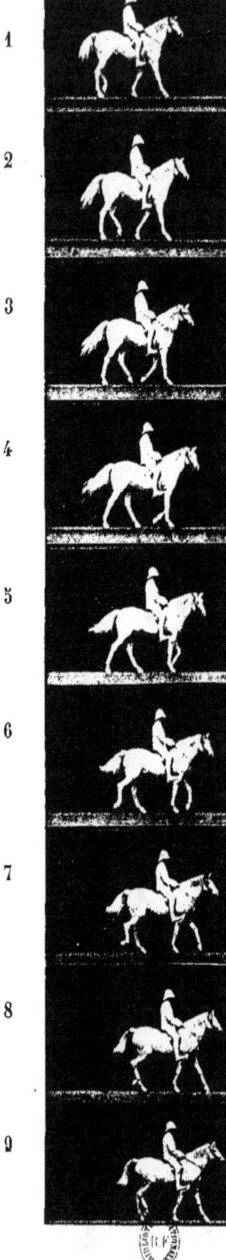

Reculer.

1

2

3

4

5

6

7

8

9

10

Pl. III.

Trot normal.

1

2

3

4

5

6

Pl. IV.

Trot décousu.

1

2

3

4

5

6

7

Pl. V.

Petit trot marché
en tenant les hanches.

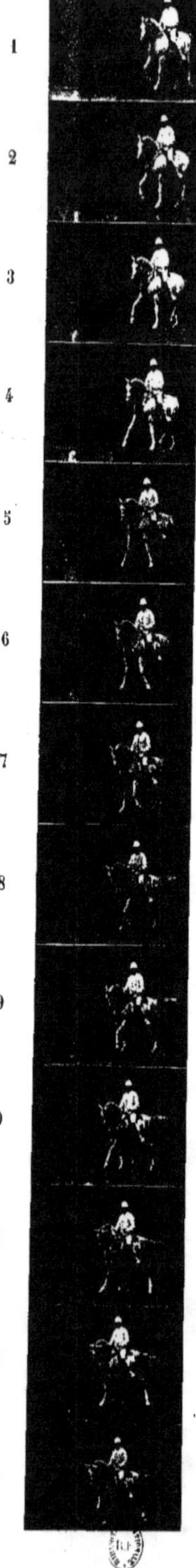

Pl. VI.

Galop normal.

1

2

3

4

5

6

7

8

9

Saut en hauteur
en partant du trot.

EXTRAIT DU CATALOGUE

DE LA

Librairie L. BAUDOIN et Cie

30, Rue et Passage Dauphine, Paris.

Ouvrages de M. MUSANY

TRAITÉ D'ÉQUITATION

COURS ÉLÉMENTAIRE. 1888. 1 vol. in-8° avec 78 figures dessinées spécialement pour l'ouvrage par Frédéric Régamey. 4 fr.

COURS SUPÉRIEUR. — Haute école. 1888. 1 vol. in-8° avec 122 figures également par Frédéric Régamey. . . 7 fr.

L'ÉLEVAGE

L'ENTRAINEMENT ET LES COURSES

AU POINT DE VUE

DE LA PRODUCTION ET DE L'AMÉLIORATION

DES

CHEVAUX DE GUERRE

Avec une Étude médicale sur l'embonpoint et les moyens rationnels de le combattre par le Dr H. Libermann

1889. 1 vol. in-8°. . . . . 4 fr.

LES RÈGLES DE L'ÉQUITATION

Tirées du *Traité d'équitation* du même Auteur. 1888. In 8°. . 1 fr.

CONSEILS POUR LE DRESSAGE DES CHEVAUX DIFFICILES

PRÉCÉDÉS D'UNE LETTRE DE M. **PELLIER** PÈRE

1880. 1 vol. gr. in-8°. . . . . 7 fr.

DRESSAGE SIMPLIFIÉ DU CHEVAL DE SELLE

1886. In-12. . . . . . . 2 fr.

Ouvrages du Commandant RAABE

EXAMEN DU BAUCHÉRISME

RÉDUIT

A SA PLUS SIMPLE EXPRESSION

OU

l'art de dresser les chevaux d'attelage, de dame, de promenade, de chasse, de course, d'escadron, de cirque, de tournoi, de carrousel. Programme des cours d'équitation civile et militaire, professés à Bruxelles, Malines, Coblentz, Prague, Vienne, Breslau, Naples, etc., suivi de notes militaires, etc., etc., de M. Rul.

1857. Broch. gr. in-8°. 4 fr.

HIPPO-LASSO

APPAREIL COMPRESSIF

SERVANT A MAITRISER

LE CHEVAL, LE MULET, ETC.

et généralement

les grands quadrupèdes domestiques

difficiles à manier

par suite de leur caractère méchant, rétif

ou sauvage.

1859. Broch. in-4° avec 12 planches.
Prix : 4 fr.

EXAMEN

DU

COURS D'ÉQUITATION

DE

M. D'AURE

Écuyer en chef de l'École de cavalerie.

1854. 1 vol. gr. in-8° avec 3 gr. pl.
Prix : 10 fr.

EXAMEN

DU

TRAITÉ DE LOCOMOTION DU CHEVAL

RELATIF A L'ÉQUITATION

DE

M. J. DAUDEL

1856. 1 vol. gr. in-8° avec 2 pl. 5 fr.

EXAMEN DES TRAITÉS

DE

L'EXTÉRIEUR DU CHEVAL

ET DES

PRINCIPAUX ANIMAUX DOMESTIQUES

de **M. F. LECOQ,** directeur de l'École vétérinaire de Lyon (1856), et de physiologie comparée des animaux domestiques de **M. G. COLIN,** chef du service d'anatomie et de physiologie à l'École vétérinaire d'Alfort (1854).

1857. Broch. gr. in-8°. 3 fr.

EXAMEN

DES

ALLURES

SELON

M. BOULEY

Professeur de clinique à l'École d'Alfort.

Extrait du *Nouveau dictionnaire pratique de médecine, de chirurgie et d'hygiène vétérinaires*, publié par M. N.-H. Bouley et Reynal.

1857. Broch. in-4°. 4 fr.

Ouvrages de M. MEGNIN

ESSAI

SUR LES

PROPORTIONS DU CHEVAL

ET SON ANATOMIE EXTERNE COMPARÉE A CELLE DE L'HOMME

à l'usage des Écuyers militaires et civils et des artistes

1860. Album in-folio jésus oblong
composé de 15 planches avec texte colorié. . . . 20 fr.

DERMATOLOGIE HIPPIQUE

OU

TRAITÉ DE L'ORGANISATION ET DES MALADIES DE LA PEAU DU CHEVAL

1868. 1 vol. in-8°
avec 12 planches dont 8 gravées en couleurs. 5 fr.

Ouvrages de M. DEBOST

CINÉSIE ÉQUESTRE

OU

ÉQUITATION RATIONNELLE

INÉDITE, BASÉE SUR LE PRINCIPE DU MOUVEMENT DE LOCOMOTION

3e ÉDITION augmentée : 1o d'une dédicace à M. le Général L'Hotte;
2o d'un exposé analytique de cinésie équestre;
3o d'extraits de lettres et de comptes rendus de revues scientifiques et militaires

1875. 1 vol. in-8°. . . . 6 fr. 50

DÉVELOPPEMENT

DE LA

CINÉSIE ÉQUESTRE

Traité complet d'équitation rationnel et de dressage du cheval

DEUXIÈME ÉDITION

modifiée et augmentée de nouveaux entretiens sur l'art de vaincre les résistances du cheval par l'éducation des sens.

1879. 1 vol. in-8° avec planches. . . . . 10 fr.

Ouvrage du colonel JOUFFRET

TRAITÉ

DE LA

CONDUITE EN GUIDES

ET DE

L'ENTRETIEN DES VOITURES

1889. 1 vol. gr. in-8° avec 62 figures. . . . . 5 fr.

Ouvrage de M. d'AURE

COURS D'ÉQUITATION

ADOPTÉ OFFICIELLEMENT

et enseigné à l'École de cavalerie et dans les corps de troupes à cheval par décision de M. le Ministre de la guerre, en date du 9 avril 1852.

9e ÉDITION

1888. 1 vol. in-18, cartonné toile. . . . . . 3 fr.

Ouvrages de M. PINEL

HIPPOGNOSIE

OU

CONNAISSANCE COMPLÈTE DU CHEVAL

1883. 1 fort vol. in-12 avec figures. . . . . . 5 fr.

LE

DRESSAGE DES CHEVAUX

1881. 1 vol. in-12. . . . . 2 fr.

Ouvrages de M. MUSSOT

MANUEL D'HIPPIATRIQUE

D'ÉQUITATION ET D'HYGIÈNE

A l'usage de tous ou étude de la connaissance intérieure du cheval, de son instruction et de son emploi, de sa conservation en état de santé, de sa reproduction, de son élevage et de son remplacement.

1856. 2 vol. in-8° avec planches. 12 fr.

COMMENTAIRES

HISTORIQUES ET ÉLÉMENTAIRES

SUR

L'ÉQUITATION ET LA CAVALERIE

ou revue des progrès obtenus dans l'art équestre d'après l'époque de la Renaissance

1854. 1 vol. in-8° avec planches. 7 fr. 50

Ouvrage de M. MERCHE

NOUVEAU TRAITÉ

DES

FORMES EXTÉRIEURES DU CHEVAL

1868. 1 fort vol. in-8° avec figures. 12 fr.

Ouvrage de M. GERHARDT

MANUEL D'ÉQUITATION

OU ESSAI D'UNE PROGRESSION

pour servir au dressage prompt et complet des chevaux de selle et particulièrement des chevaux d'armes

Précédé d'une analyse raisonnée du Bauchérisme

1859. In-8° avec 12 planches, par V ADAM. . 6 fr.

Ouvrages de M. VALLON

COURS D'HIPPOLOGIE

A L'USAGE

de MM. les Officiers de l'armée, de MM. les Officiers des haras, les vétérinaires, les agriculteurs et de toutes les personnes qui s'occupent des questions chevalines.

Adopté pour l'enseignement hippologique dans l'armée par décision ministérielle du 1er juin 1863.

1884. 4e édition. 2 vol. in-8° avec planches et figures. 14 fr.

ABRÉGÉ D'HIPPOLOGIE

A L'USAGE

DES SOUS-OFFICIERS DE L'ARMÉE

Adopté pour l'enseignement de l'hippologie dans l'armée par décision ministérielle du 11 juin 1863.

9e édition. 1889. 1 vol. in-12 avec figures. 3 fr. 50

Ouvrage de M. WOLFF

HYGIÈNE DU CHEVAL DE TROUPE

OU

Méthode raisonnée, théorique et pratique de produire, d'élever, d'améliorer les chevaux de guerre et de prolonger la durée de leurs bons services

1881. 1 vol. in-8°
avec 4 cartes hors texte et de nombreuses figures. 10 fr.

Ouvrage de M. WACHTER

APERÇUS ÉQUESTRES

AU POINT DE VUE DE LA MÉTHODE BAUCHER

Assouplissements ; dressage ; moyens équestres ; progression ; sauts d'obstacles ; escrime du sabre ; le phénakisticope et le galop.

1862. 1 vol. in-12 avec une planche et des figures. . . . . 6 fr.

Paris. — Imprimerie L. Baudoin et Cie, 2, rue Christine.

www.ingramcontent.com/pod-product-compliance
Lightning Source LLC
LaVergne TN
LVHW021523170726
843501LV00004B/940

* 9 7 8 2 3 2 9 4 5 9 1 5 8 *